"Alice" Contada aos Mais Pequenos

"Alice" Contada aos Mais Pequenos

Inclui vinte Ilustrações Aumentadas e Coloridas de Tenniel para *As Aventuras de Alice no País das Maravilhas*, com Texto Adaptado para Leitores Pré-Escolares por Lewis Carroll. A Capa foi Desenhada e Ilustrada por E. Gertrude Thomson.

"Alice" Contada aos Mais Pequenos

Lewis Carroll

Ilustrações Coloridas de
John Tenniel e de
Emily Gertrude Thomson

Tradução, introdução e notas de
Rogério Miguel Puga

2015

Pubicado por/*Published by* Evertype, 73 Woodgrove, Ballyfin Road, Portlaoise, Co. Laois, R32 ENP6, Ireland. *www.evertype.com*.

Título original/*Original title*: *The Nursery "Alice"*.

Primeira edição/*First edition* 2015.

Um registo para esta obra está disponível na Biblioteca Nacional Britânica.
A catalogue record for this book is available from the British Library.

ISBN-10 1-78201-118-8
ISBN-13 978-1-78201-118-7

Impressão em De Vinne Text, Mona Lisa, ENGRAVERS' ROMAN, e Liberty por Michael Everson.
Typeset in De Vinne Text, Mona Lisa, ENGRAVERS' ROMAN, *and* Liberty *by* Michael Everson.

Ilustrações/*Illustrations*: John Tenniel, 1890. Frontispício e imagem da Lebre de Março na p. xxxiv/*Frontispiece and image of the March Hare on page xxxiv:* Emily Gertrude Thomson, 1890.

Capa/*Cover*: Michael Everson.

Impressão/*Printed by* LightningSource.

Introdução

A história de Alice começa em 1862, durante uma viagem de barco entre Oxford e Godstow e um lanche nesta última localidade, quando o matemático Charles L. Dodgson (1832–1898), mais conhecido como Lewis Carroll, decide entreter o seu colega Robson Duckworth e as irmãs Alice (10 anos), Edith (8) e Lorina (13), filhas de Henry George Liddell, director do Christ Church College, contando-lhes um original "conto de fadas". Carroll narra assim pela primeira vez o início das aventuras da Alice ficcional, que mais tarde Alice Liddell lhe pediria que redigisse. O autor ofereceria o primeiro manuscrito (com o título *Alice's Adventures Under Ground*) a Alice em Novembro de 1864, como prenda de Natal, um texto com 4 capítulos, muito mais pequeno que a versão final e ilustrado pelo próprio Carroll. Nessas ilustrações amadoras, Alice parece ser mais velha que a imaginada por Sir John Tenniel (1820-1914), e a sua fisionomia muda de desenho para desenho. A primeira versão do enredo, que seria publicado em 1865 como *Alice's Adventures in Wonderland* (*As Aventuras de Alice no País das Maravilhas*), tem assim uma natureza e, tal como *Alice Contada aos Mais Pequenos* (*Nursery Alice*, 1890), um cunho oral(izante). A Alice "para os mais novos", terminada em Fevereiro de 1889, é já, visual e textualmente, uma outra Alice, passados vinte e cinco anos das suas aventuras iniciais. Essa multiplicidade de Alices da autoria do próprio Carroll e as (re)criadas posteriormente levam estudiosos como Sanjay Sircar a falar de uma rede auto- e hetero-intertextual[1] de "outras Alices",[2] e como Jan Susina a desenvolver o conceito de "meta-Alice".[3] Aliás, a personagem viajante ainda hoje é utilizada como uma poderosa estratégia de *marketing* pela indústria de entretenimento, ou como metáfora em meios como a Academia, bastando recordar títulos como o do romance de Cathleen Schine, *Alice in Bed* (1983), e dos estudos *Pela Mão de Alice: O Social e o Político na Pós-Modernidade* (1994), de Boaventura Sousa Santos, e *Alice in Genderland* (2005), de Richard J. Novic.

Alice Contada aos Mais Pequenos (*ACMP*) é uma adaptação de *As Aventuras de Alice no País das Maravilhas* que o próprio Carroll publica em 1890—também na sequência do sucesso de *Alice do Outro Lado do Espelho* (1871)—com o título completo *The Nursery "Alice", Containing Twenty Coloured Enlargements from Tenniel's Illustrations to "Alice's Adventures in Wonderland," with Text Adapted to Nursery Readers by Lewis Carroll*. Essa última versão das aventuras de Alice é inovadora, na medida em que contém a primeira capa que não é da autoria de Tenniel e as primeiras (vinte) ilustrações a cores, tendo, como veremos, as gravuras

1 Sobre o conceito de auto-intertextualidade (entre obras literárias e não literárias do mesmo autor, no caso as diversas versões de Alice criadas por Carroll, a sua correspondência e o seu diário) e hetero-intertextualidade, veja-se Daniela Roventa-Frumusani, "Intertextualité e(s)t Interaction", *Revue Roumaine de Linguistique*, 30, 1985, pp. 23-30.

2 Sanjay Sircar, "Other Alices and Alternative Wonderlands: An Exercise in Literary History", *Jabberwocky* 13:2, 1984, pp. 23-48.

3 Jan Susina, *The Place of Lewis Carroll in Children's Literature*, Londres: Routledge, 2010, cap. 5.

originais sido alteradas por Tenniel e coloridas provavelmente por Edward Evans. A capa é ilustrada por E. Gertrude Thomson (1850-1929), amiga de Carroll,[4] e a ideia de colorir as ilustrações originais poderá ter surgido quando Carroll viu uma adaptação holandesa de *Aventuras de Alice* publicada em 1874, com gravuras aumentadas e coloridas, como ele refere numa carta datada de 1881, adiantando: "Eu fazia bem se mostrasse a minha obra às crianças mais pequenas. Estou a pensar numa Alice a cores, uma edição 'para os mais novos'". Numa outra missiva, em 1889, descreve a obra como sendo composta por "explicações em palavras fáceis, tal como explicaríamos as gravuras às crianças".[5]

A motivação do autor, para além da satisfação pessoal, seria querer abranger também a primeira infância e, assim, promover um encontro iniciático das crianças com as obras sobre Alice (que Carroll desejaria que se mantivessem no cânone da literatura anglófona), textos que esses ouvintes quase bebés também leriam mais tarde. Um dos objectivos do autor seria publicar um novo livro-objecto para crianças com a qualidade que a nova tecnologia de impressão então já permitiria. A referida edição holandesa de *As Aventuras* terá assim influenciado a adaptação do texto e a "actualização"

4 Em 1878, Dodgson vê alguns postais de Natal da série 'Fairland', ilustrados pela artista escocesa Emily Gertrude Thomson, escreve-lhe em Dezembro e encontram-se em Junho de 1879, tornam-se amigos e o autor convida-a para ilustrar *Three Sunsets and Other Poem* (1898), tendo a artista também redigido uma breve biografia do escritor. A ilustradora demorou tanto tempo a terminar a capa de *ACMP* que a obra quase foi publicada sem ela (Morton N. Cohen e Edward Wakeling, *Lewis Carroll and his Illustrators*, Londres: Macmillan, 2003, pp. 229–231; Susan W. Thomson, *Manchester's Victorian Art Scene And Its Unrecognised Artists*, Warrington: Manchester Art Press, 2007, Edward Wakeling, *Lewis Carroll and his Circle*, Londres: IB Taurus, 2015, pp. 86, 111ss).

5 Lewis Carroll, *The Letters of Lewis Carroll*, vol. 1, ed. Norton Cohen e Roger L. Green, Oxford: Oxford University Press, 1979, p. 418 e *ibidem*, vol. 2, p. 734, respectivamente; tradução nossa.

das suas gravuras. Os paratextos não fornecem nenhuma justificação explícita, mas o autor imagina, no Prefácio, os bebés a brincar com este seu novo livro, recriando imaginários felizes e semelhantes aos dos contos de fadas. Não é, portanto, de admirar que, desde o início, o texto adaptado exija um tipo de ouvinte-leitor específico e refira quer as capacidades cognitivas e linguísticas, os interesses e o conhecimentos deste último, quer algumas das normas pedagógicas do contexto sócio-cultural em que o livro é publicado, adensando as cantigas e as referências a símbolos mitológicos e a adágios populares a importância do "folclore" que é dessa forma incrustado na história que foi escrita e deve ser lida como se estivesse a ser contada. A narrativa parte do pressuposto que a criança aprende ao ler e tem capacidade para assimilar o que quer que seja, desde que seja bem orientada, e o narrador deseja cumprir essa função, não subestimando nunca as capacidades cognitivas do seu ouvinte, sendo o leitor-intermediário sempre um familiar, sobretudo a mãe, a quem o prefácio da obra é dirigido.

Num estudo sobre tradução de literatura para crianças, Klingberg aborda o conceito de adaptação—supressão, reconto, "censura" ou mudança de valores, omissão/transformação de gravuras e palavras, modernização da linguagem, adição, edição, explicação, resumo, simplificação, localização, tradução, explicação ou transformação do contexto cultural—bem como os diversos níveis de adaptação de um determinado texto ao "horizonte de expectativas" do leitor/ouvinte infantil implícito, horizonte que, por sua vez, é influenciado por factores como os interesses, necessidades, saber e capacidade de leitura, entre outros.[6] Esses conceitos, debatidos no âmbito da "teoria da adaptação",[7] são úteis

6 Göte Klingberg, *Children's Fiction in the Hands of the Translators*, 1986, pp. 7, 65, 85-86. Sobre *ACMP* como uma das várias adaptações da história de Alice, veja-se Jan Susina, *op. cit.*, caps. 4-5, estudo que se ocupa também da noção

para estudar *ACMP* também como adaptação de *As Aventuras* por Lewis Carroll e até para o processo da sua tradução para português. A adaptação é sempre dinâmica, e, neste caso, trata-se de reconsiderar e transformar uma obra que já era lida por adolescentes e jovens, e que é "reescrita" para ser ouvida por crianças (do sexo feminino) dos zero aos cinco anos, ou seja, para um novo público ouvinte. Em 1890, *As Aventuras* era já um sucesso e, portanto, fazia parte do cânone da literatura inglesa, sendo a sua adaptação-transformação (para um público feminino de ouvintes) pelo próprio autor, na mesma língua e na mesma cultura que as três versões anteriores, um marco importante e um feito até então pouco comum.[8]

de infância no século XIX (cap. 2).

7 Veja-se, entre outros, Linda Hutcheon, *Theory of Adaptation*, Abingdon: Routledge, 2006.

8 Se exceptuarmos as versões para crianças/jovens da Bíblia e de textos clássicos para fins educativos, a adaptação de clássicos para crianças na Europa data do século XVIII, por exemplo quando Joachim Heinrich Campe publica *Robinson der Jüngerer* (1779), uma adaptação de *Robinson Crusoe* (1717). Poderemos recordar também a adaptação 'censurada' *Family Shakespeare* (1807), de Thomas Bowdler, cujo apelido é hoje usado em inglês para referir a simplificação/censura nas adaptações de clássicos ("bowdlerizing"). No entanto, *ACMP* é uma adaptação feita pelo autor do texto 'de partida', *As Aventuras*. Sobre a adaptação de clássicos, vejam-se: I. Pascua Febles, *La Adaptación en la Traducción de la Literatura Infantil*, Madrid: Mapfre, 1998, E. Hateley, *Shakespeare in Children's Literature*, Londres: Routledge, 2009, B. Lefebvre (ed.), *Textual Transformations in Children's Literature: Adaptations, Translations, Reconsiderations*, Nova Iorque: Routledge, 2013, A. Müller (ed.), *Adapting Canonical Texts in Children's Literature*, Londres: Bloomsbury, 2014, que, na p. 3, afirma que os estudioso dessas adaptações 'fogem' à teorização, ocupando-se sobretudo de estudos de caso, com a excepção de Deborah Cartmell, "Adapting Children's Literature", in D. Cartmell e I. Whelehan (eds.), *The Cambridge Companion to Literature on Screen*, Cambridge: Cambridge University Press, 2007, pp. 166-180, que analisa a 'censura' das adaptações fílmicas de clássicos pela Disney com base na ideologia da empresa.

Esperamos que surja brevemente um texto dedicado às características e às complexidades das transformações de *ACMP* enquanto adaptação de *As Aventuras*, o texto "fonte", devendo o primeiro também ser analisado autonomamente e não apenas em relação à sua versão "original", que fora escrito para um público diferente. Aliás, esta adaptação, que tem cerca de um quinto do tamanho de *As Aventuras*, apresenta claramente, no prefácio, a mudança na idade dos seus leitores, e mais adiante, no corpo do texto, as ouvintes que brincam com bonecas; daí que o principal meio utilizado para recontar a história sejam as ilustrações coloridas, que serão observadas e interpretadas pelo ouvinte. A temática claramente onírica da capa de *ACMP* é, desde logo, uma marca exterior desse processo de adaptação, que envolve, assim, não só o texto, mas também as gravuras, ou seja, a componente visual da obra, enriquecida pelas cores que o narrador vai referindo ao descrever o vestuário das personagens. *ACMP* afasta-se das lições de moral que, segundo as definições mais estereotipadas, caracterizam a literatura para crianças, até porque o narrador não "protege" a criança inocente, nem a visiona através desses mesmo estereótipo romântico, mas ajuda-a a crescer, a pensar de forma crítica e a colocar-se na situação das personagens de uma forma activa e crítica; daí que seja útil determo-nos no "como" a história é narrada, em vez de apenas na própria história em si.[9] Ao estudarmos o processo de adaptação não poderemos, então, deixar de considerar questões como a ilustração, o *marketing* em torno da obra, o público (como agente) e as tradições visual e não visual de Alice.

Se as deambulações e os encontros da protagonista têm sido alvo das mais variadas interpretações, adaptações e traduções, inclusive de um processo de "disneyficação" desde 1951, as *Aventuras* tem sido classificada simultaneamente

9 Anja Müller (ed.), "Introduction", *op. cit.*, p. 4.

como literatura para adultos e para crianças, enquanto *ACMP* desperta cada vez mais a atenção de estudiosos.[10] O público alvo desta última versão ainda não lê, e esse texto, como veremos, não é apenas um resumo simplificado, havendo grandes transformações da narrativa e das imagens e ainda a inserção de novos episódios e de um capítulo (dedicado a Dash); daí que para Morton Cohen *ACMP* seja uma "destilação"[11] da versão de 1865 de cariz sobretudo oral e visual, pois assenta nos actos de contar (*telling*) e de mostrar (*showing*). As aventuras são "contadas" por alguém em voz alta, mimetizando a antiga arte de "contar histórias", e o *incipit* do texto ("Era uma vez") remete para os contos de fadas, que a própria Alice refere em *As Aventuras*[12] e que marcam presença nos paratextos, como vermos de seguida, e no episódio do Gato de Cheshire em *ACMP*. Se Charles Dickens se refere aos contos de fadas como "reservatórios de imaginação" ("nurseries of fancy"),[13] *ACMP*, sobretudo o

10 Em 1986, Beverly L. Clark, "What Went Wrong with Alice?", *Children's Literature Association Quarterly*, 11:1, 1986, pp. 29-33, defendia que a obra praticamente não era estudada, situação que tem vindo a alterar-se. A autora e John Goldthwaite, *The Natural History of Make-Believe*, Nova Iorque: Oxford University Press, 1996, pp. 87-88, consideram que, enquanto obra de arte, *ACMP* falha, afirmando Florence B. Lennon, *Victoria Through the Looking-Glass: The Life of Lewis Carroll*, Nova Iorque: Simon and Schuster, 1945, p. 303, que poucas crianças acima dos cinco anos a lerão, posições que são obviamente discutíveis, pois devemos ter em mente o público-alvo, o objectivo da obra e a forma (ecfrástica) como a 'história' é contada.

11 Morton N. Cohen, "Another Wonderland: Lewis Carroll's *The Nursery 'Alice'*", *Lion and the Unicorn*, 7-8, 1983, p. 120.

12 Na casa do Coelho, Alice afirma: "Dantes, quando lia histórias de fadas, costumava pensar que esse género de coisas nunca aconteciam, e agora aqui estou no meio de uma! Deviam escrever um livro sobre mim, isso é que era!" (Lewis Carroll, *As Aventuras de Alice no País das Maravilhas e Alice do Outro Lado do Espelho*, trad. Margarida Vale de Gato, Lisboa: Relógio de Água, 2000, p. 41).

13 Charles Dickens, *apud* Harry Stone, "Dickens, Cruikshank, and Fairy Tales",

poema "Votos de Natal", remete para esse mesmo universo de fadas e duendes, que Carroll associa à sua obra, numa carta (10-06-1864) que refere as dificuldades que ele sente ao tentar escolher um título para *As Aventuras*, apresentando várias hipóteses: "As Aventuras de Alice no Subsolo… A Hora Dourada de Alice… Aqui estão os outros títulos em que pensei: Alice entre os duendes/*goblins*; os feitos/as horas/as aventuras de Alice na terra do duendes/no país das maravilhas",[14] informando que o seu favorito é a última opção. A referência a esse imaginário mitológico colectivo britânico intensifica, desde logo, a dimensão oralizante da narrativa, tal como o fazem as várias transformações do enredo, e referimos apenas alguns exemplos representativos: o facto de o narrador interpelar os leitores, de explicar o significado de termos como "luvas de Raposa" (cap. IX), de chamar a atenção para certos detalhes nas ilustrações, reforçando assim o diálogo interartes, de suprimir todos os versos (excepto a Canção do Valete) e de adicionar episódios novos, como o do cachorro chamado Dash (cap. VI), de fazer perguntas que colocam o ouvinte no centro da acção e a tomar decisões baseadas na leitura e na apreciação da obra, aproximando a focalização da jovem Alice à dos jovens ouvintes-leitores, originando maior empatia entre a heroína, o narrador e os receptores da obra, como se verifica em interpelações como "Qual delas preferias *tu* ter sido? Uma Alice pequenina, não maior que um gatinho, ou uma Alice grande, com a tua cabeça sempre a bater no tecto?" (cap. II). O ouvinte é ainda exposto a outras vozes que não a do narrador, embora em muito menor grau comparativamente a *As Aventuras*, nomeadamente quando, no episódio do cachorro Dash, num processo de *mise en abyme*, o discurso do narrador reproduz o discurso directo polifónico e irónico

Princeton University Library Chronicle XXXV, 1-2, 1973-1974, p. 237.

14 Lewis Carroll, *The Letters of Lewis Carroll*, vol. 1, p. 65, tradução nossa.

das crianças suas amigas, nomeadamente a conversa que manteve com elas e o diálogo anterior entre elas e que as próprias lhe reproduzem.

O narrador-contador exige ao ouvinte que reflicta sobre os seus próprios gostos e opiniões pessoais (sobre Dash, o cabelo de Alice e o castigo do Valete de Copas), enquanto a descrição do chá exercita o *nonsense* de forma mais declarada, estimulando paralelamente a capacidade de abstração e de imaginação desses ouvintes, como já acontecera nas versões anteriores. Aliás, no capítulo VI, entre outros, é enfatizada a focalização de Alice, que, tendo encolhido, vê o cachorro grande quando ele, para o leitor, é pequeno. A empatia, a focalização, a observação do *Self* e do Outro de diversos pontos de vista, bem como o acto de relativizar/questionar o que se vê tornam-se, portanto, temas e estratégias narrativas recorrentes na obra, estabelecendo-se um diálogo peripatético com a interlocutora, a ouvinte implícita, e, por exemplo, no início do capítulo XII, o do Porco Bebé, o narrador interpreta o episódio e esclarece que não houve qualquer metamorfose, ou seja, que o porco nunca fora um bebé humano. A relação de Alice com os animais e a função destes em *As Aventuras*, *Do Outro Lado do Espelho* e *ACMP* convidam a uma futura análise conjunta dessas obras à luz dos Estudos sobre Animais (Animal Studies), uma área de investigação recente. Já no capítulo décimo terceiro, o narrador leva a ouvinte a voltar atrás no seu visionamento da obra e a rever atentamente a gravura do frontispício que já vira ao abrir o livro, reforçando assim a ideia da necessidade da leitura visual atenta, que já fora defendida no episódio do Porco Bebé.

As narrativas paralelas (a escrita e a desenhada) vão-se tornando interactivas através dos comentários e perguntas-desafios e de humorísticas sugestões (para abanar o livro e ver o coelho tremer), ou seja, a história gira em torno das gravuras e assemelha-se às pinturas narrativas tão apreciadas pelos vitorianos. *ACMP* não é a história de Alice, mas sim a do narrador a contar a história de Alice, pelo que a maioria dos humorísticos diálogos entre personagens, os trocadilhos e até muitas das falas de *As Aventuras de Alice* são suprimidos, originando uma versão menos polifónica, controlada pelo monólogo do narrador,[15] que inclusive se dirige às personagens, nomeadamente aos jardineiros da Rainha de Copas,[16] aconselhando-os: "Vá, trabalhem, homenzinhos, trabalhem! Despachem-se, despachem-se!". Esse mesmo narrador comporta-se como outros constructos ficcionais em *As Aventuras de Alice*, nomeadamente a Lagarta (filósofa) Azul, que faz perguntas a Alice sobre a sua identidade, a Duquesa, que recorda Alice da sua ignorância, e o Gato de Cheshire, que lhe dá indicações-lições, ou seja, sintetiza muitas das características e funções de várias personagens.

Quanto à natureza oralizante da *ACMP*, Björn Sundmark defende que as quatro aventuras – *As Aventuras de Alice no Subsolo*, *As Aventuras de Alice no País das Maravilhas*, *Alice do Outro Lado do Espelho* e *ACMP*—se desenvolvem, desde a famosa viagem de barco, ao longo de um *continuum* oral-literário, e que em *ACMP* prevalece o discurso do "realizador", a voz narrativa que domina o texto, ou seja, se o oral se vai tornando literário,[17] a última versão de Alice a ser (re)criada

15 Para uma discussão das ideias deste parágrafo, veja-se a já referida obra de Jan Susina.

16 A personagem Rainha de Copas teria sido inspirada pelas características estereotipadas da figura-tipo da governanta.

17 Björn Sundmark, *Alice's Adventures in the Oral-Literary Continuum*, Lund: Lund University Press, 1999. De acordo com Sundmark, a história de Alice assemelha-se ao conto de fadas, "um género que procura as suas raízes na tradição oral, mas também se presta facilmente à inovação e à experimentação literárias", enfatizando o autor a "oralidade literária" de *ACMP* (p. 201, tradução nossa).

acentua esse carácter oral e o acto de contar; daí também a nossa opção para este novo título da obra em português. A história do País das Maravilhas é (re)contada a partir das ilustrações para as quais o narrador remete e aconselha a ouvinte a observar com cuidado, rumo à sua despedida de Alice (a interlocutora) no final do texto, momento em que se torna claro que qualquer criança poderá ser (como) Alice, através da sua imaginação, que é estimulada através do visualismo que caracteriza a narrativa, por exemplo, a imagem do Coelho que corre e pára exactamente ao passar por Alice. No quarto capítulo torna-se evidente que a destinatária explícita da obra é uma ouvinte (a Alice de que ele se despede no final), pois o narrador fala das suas "bonecas", e dirige-se-lhe ao longo da obra através das dezenas de interpelações-questões-lições que saturam a narrativa e a impregnam de vivacidade e de empatia entre um narrador autoritário com a postura de mestre e uma criança ouvinte, que aprende (com Alice) a observar e a questionar sobretudo através do sonho e da audácia. Se o destinatário da obra é duplo—a futura ouvinte-leitora e a própria Alice (quer seja a ficcional, quer seja Alice Pleasance Liddell, ou as memórias que Dodgson tem dela) —, ACMP funciona como um ritual de despedida de Alice e das suas aventuras, como indica o final da obra. A forma de contar-narrar e exacerbar os sentidos dos pequenos leitores confere à obra uma estrutura dinâmica, pois o narrador faz uma afirmação, de seguida coloca uma questão ao leitor-ouvinte e continua a desfiar o enredo, que é sempre fluído, ou melhor, um fluxo de micro-histórias durante um onírico passeio, enquanto descreve episódios que se sucedem recorrendo à elipses e ao sumário. Por exemplo, a gravura de Tindell do Lago de Lágrimas que já ilustrara *As Aventuras* torna-se a narrativa (visual) central desse episódio em *ACMP*, enquanto o texto funciona como legenda ou explicação da gravura, invertendo-se os papéis de cada uma dessas narrativas.

Relativamente ao diálogo entre texto e ilustrações, estas últimas foram refeitas como revelam muitos dos pormenores diferentes em *As Aventuras* e *ACMP*. Para ilustrar esta última obra, Carroll contratou Edmund Evans (1826-1905), conhecido pela sua inovadora técnica de impressão a cores; daí que a marca dos gravadores que produziram as ilustrações de *As Aventuras*, os irmãos Dalziel, desaparecesse. Evans utilizou a cromoxilografia, um processo que era, na altura, dispendioso, mas que permitia conseguir uma maior variedade de tons. Carroll não gostou da primeira impressão das ilustrações—pois eram demasiado brilhantes e as folhas eram de má qualidade—recusou a venda desses 10.000 exemplares [que acabariam por ser vendidos nos Estados Unidos da América (4.000 exemplares), na Austrália e no Reino Unido, numa edição de preço reduzido em 1896], e exigiu uma outra impressão à Macmillan, em Junho de 1889.[18] Tal como acontecera com as primeiras *Aventuras*, Carroll acompanhou de perto a impressão de *ACMP*, certificando-se da sua qualidade, como revelam Zoe Jaques e Eugene Giddens num estudo sobre a história da edição e da ilustração da Obra de Carroll para o qual remetemos o leitor interessado.[19] Tendo as gravuras sido adaptadas e coloridas para *ACMP*, são várias as diferenças relativamente às ilustrações de *As Aventuras*,[20] a saber: no frontispício (p. 56

18 *Vide* E. Wakeling, *op. cit.*, pp. 87-88.

19 Zoe Jaques e Eugene Giddens, *Lewis Carroll's Alice's Adventures in Wonderland and Looking Through the Looking-Glass: A Publishing History*, Farnham: Ashgate, 2014.

20 Sobre as alterações e inconsistências nas ilustrações de *ACMP*, vejam-se, entre outros, os trabalhos pioneiros de Martin Gardner, "Introduction", in Lewis Carroll, *Nursery Alice*, Nova Iorque: Dover Publications, 1966, pp. v-xi, Denis Crutch, "Alice for the Little Ones", *Jabberwocky*, 4:4, 1975, pp. 87-89 e Brian Sibley, "The *Nursery Allice* Illustrations", *Jabberwocky*, 4:4, 1975, pp. 92-95.

nesta edição), o guarda do lado direito, que, em *As Aventuras*, tem no peito o símbolo de Paus, em *ACMP* enverga o de Copas; na primeira imagem do Coelho Branco, o relógio de bolso marca horas diferentes em ambas as obras; o vestido de Alice é menos volumoso, plissado e mais folhado, é coberto por um avental atado nas costas por um laço azul (que já aparecera em *Do Outro Lado do Espelho*), tendo Alice um outro laço azul no cabelo (atrás, ou de lado, como acontece na gravura com o porco bebé); na ilustração do encontro com o Gato de Cheshire de *As Aventuras* vemos a face da protagonista de perfil, em *ACMP* já não; o cenário de fundo da Lagarta Azul foi modificado, desaparecendo as flores à direita de Alice; na ilustração do Jardim da Rainha surge um pingo de tinta à frente do jardineiro do meio, a cair de um pincel e que confere movimento e dinamismo à respectiva ilustração. Há ainda inconsistências nos desenhos de *ACMP*, como, por exemplo, a fita do boné do bebé porco que é azul na cozinha da Duquesa, mas vermelha na ilustração de Alice e do porco perto do bosque. Tal como aconteceu com as gravuras de Alice com o "pescoço esticado" e a beber da garrafa ("Bebe-me"), é evidente que a ilustração da protagonista a segurar o flamingo também foi redesenhada, pois as pernas do animal estão muito mais afastadas do vestido. Não se tratando de uma inconsistência, pois, com já vimos, foram artistas diferentes que fizeram a capa e as ilustrações de *ACMP*, o casaco do Coelho Branco é vermelho na capa (Thomson), paratexto em que o animal também segura o leque referido na narrativa, mas é laranja na imagem que abre o capítulo primeiro (Tenniel), tendo Thomson também desenhado a Lebre de Março sozinha na contracapa (p. xxxiv desta edição).

Relativamente ao texto, entre as inúmeras alterações a que a adaptação deu lugar, é notório que a forma de crescer/encolher de Alice é diferente em *ACMP*, e que essa metamorfose dá inclusive título a um capítulo ("Como Alice Ficou mais Alta"), acontecendo algo dramático sempre que a personagem muda de tamanho.[21] A linguagem foi obviamente adaptada aos ouvintes-leitores mais jovens, o que requereu a utilização de estratégias diferentes para prender a atenção do leitor, nomeadamente o *suspense*, as explicações pedagógicas, as interpretações e os comentários de gravuras e de situações, bem como indícios e chaves de interpretação, como acontece no capítulo nono, quando os jardineiros são apresentados como meras cartas com braços, pernas e cabeça para se parecerem humanos, informação que funciona como indício e prepara a metamorfose dos residentes de "Wonderland" no final da acção. A obra é ainda enriquecida através de outras estratégias, como o aviso para o ouvinte reparar em determinadas gravuras (por exemplo a do porco bebé) e que auto-caracterizam o narrador como exigente para com o ouvinte-leitor, que deverá ser interessado e atento para que o seu pensamento crítico seja exercitado. *ACMP* tem, portanto, também uma intenção pedagógica, como aliás é comum na literatura para crianças desde cedo, e que se encontra presente, por exemplo, no cuidado com a ordem pela qual os episódios aconteceram e são apresentados. Se é verdade que essa preocupação educativa poderia enfadar os mais novos, como o narrador refere ao "dar" uma lição a Alice que a deixa de mau humor, a interpelação ao ouvinte e a exigência da sua intervenção activa são características relativamente inovadoras. *ACMP* convida-nos também a reflectir sobre a capacidade que a própria história tem, e demonstra ter, para ser contada, sobre a relação que o narrador, através dos poucos núcleos do enredo que escolhe recontar e até adicionar, estabelece com a audiência (empatia, interesse, entretenimento),

21 *Vide* Rita Oittinen, *op. cit.*, p. 131.

22 Cf. Neal R. Norrick, "The Dark Side of Tellability", *Narrative Inquiry*, 15:2,

e ainda sobre os próprios episódios relatados, ou seja, sobre a *tellability* (*reportability*) da história.[22]

Através do narrador omnisciente que possibilita esse conhecimento quase total também ao leitor (que sabe, por exemplo, desde logo, que ninguém obedece à Rainha de Copas), *ACMP* consegue manter o seu objectivo didáctico e estético de forma satisfatória, sem uma pesada carga-voz moralizante, como acontecia na literatura vitoriana destinada ao público mais jovem. As perguntas directamente dirigidas ao ouvinte geram um ambiente formal, e a voz do contador-mestre é, por vezes, austera e acusativa, mas também preocupada e veículo de aprendizagem, aproximando-se da chamada "voz avuncular" vitoriana.[23] O narrador-mestre trata a leitora-ouvinte como ignorante, como se lhe estivesse constantemente a ensinar lições quer através das palavras, quer ao revelar-lhe sentidos e personagens desconhecidos nas gravuras, do Dodó ao Grifo. O narrador assume-se assim como um austero mestre, numa posição de poder, humilhando, por vezes, a ouvinte (que, tal como Alice em relação ao Coelho, não se deverá ofender) e apresentando-lhe desafios e dilemas pessoais, morais e de justiça, ecoando Humpty Dumpty: "a questão é… quem será o mestre".[24] Talvez por essa razão, em *ACMP*, e ao contrário do que acontece na versão 'para os mais crescidos', Alice não se enerve, sendo também a complexidade das demais personagens simplificada,[25] ou seja, a obra também veicula conceitos historicamente datados de infância e de educação, embora as

2005, pp. 323-343.

23 Sobre este tema, nomeadamente o "talking down to children" na literatura para crianças vitoriana, veja-se, entre outros, Sanjay Sircar, "The Victorian Auntly Narrative Voice and Mrs Molesworth's *Cuckoo Clock*", *Children's Literature*, 17, 1989, pp. 1-24.

24 Lewis Carroll, *Alice's Adventures in Wonderland and Through the Looking Glass*, Londres: Alma Classics, 2015, p. 205; nossa tradução.

25 Veja-se Rita Oittinen, *op. cit.*, p. 86.

características como o não gostar de manuais escolares e remédios (cap. III) sejam intemporais e metaforizem, respectivamente, o estudo e a doença não apreciados pelos mais novos. Já a tensão e a ambiguidade de *As Aventuras* são atenuadas em *ACMP*, pois torna-se claro, desde a capa original, no *incipit* e na conclusão que Alice está a sonhar, sendo o início da acção marcado pela rapidez e pela surpresa (perseguição do coelho e queda súbita), momento inicial em que o narrador clarifica a total ausência de perigo na queda de Alice (que não se magoou). Após a corrida no espaço aberto e a queda, a acção é reduzida a uma divisão fechada, sendo rentabilizado o medo que a maioria das crianças tem do enclausuramento, imaginário espacial que é rentabilizado através da variação de tamanhos, da adjectivação e da comparação, por exemplo do caudal de lágrimas de Alice a um rio profundo, e essa imagem, ao invocar intertextualmente o simbólico 'vale de lágrimas,[26] exterioriza hiperbolicamente a dor e o sofrimento sentidos pela protagonista ao chorar.

O estilo de escrita é também marcado pelo do uso frequente de maiúsculas (nomes de personagens-animais), pela aliteração e pela repetição de termos como "However", "So" e da interjeição "well" a iniciar orações, enquanto os recorrentes diminutivos e termos como "little" e "dear" conferem alguma emotividade e intimidade à narrativa "infantil". A empatia entre a heroína e a leitora-ouvinte é sugerida através de comparações, e Alice não passa pela portinhola do jardim, tal como a ouvinte-leitora não entraria na toca de um rato. O paralelismo entre personagem e ouvinte coloca esta última 'na pele' da protagonista, e são várias as situações ficcionais em paralelo, uma inventada para Alice e outra para a ouvinte, que assim participa da história, mas de fora do

26 D. Rudd, *Reading the Child in Children's Literature*, Londres: Palgrave Macmillan, 2013, p. 120.

mundo (im)possível do enredo, sempre como espectadora-ouvinte, com as suas próprias aventuras e experiências. Durante a viagem partilhada, a criança que ouve/lê é acusada de ser ignorante, mas o narrador-contador oferece-lhe a 'cura' para esse fardo; daí que o capítulo quinto comece com uma analepse para rentabilizar quer a memória da ouvinte, que é invocada, juntamente com acontecimentos pretéritos, quer a capacidade desta última para associar acontecimentos e para recuperar e associar informações anteriores. Aliás, no início desse capítulo, tal como noutros, o narrador refere-se a si mesmo ("Tenho a certeza"), bem como os seus ponto de vista e opinião.

O recurso ao enigmático e famoso dodó permite a Carroll localizar a acção num passado recuado e intensificar o aspecto ficcional (e até o *nonsense*) da narrativa, pois esse animal estava então já extinto e marcava presença na imprensa britânica, por exemplo, na revista *The Penny Magazine of the Society for the Diffusion of Useful Knowledge* (01-06-1833, pp. 209-211), que publica a ilustração abaixo reproduzida e que, como não poderia deixar de ser, partilha características com a gravura de Tenniel, estabelecendo-se assim uma intertextualidade pictórica entre *ACMP* e outras obras de arte visuais.

Fig. 1: Dodó. *Penny Magazine*, 01-06-1833, p. 209.

O dodó, que foi ironicamente imortalizado após estar extinto,[27] tornar-se-ia um símbolo ambiental vitoriano, e alguns ossos de um desses animais que faziam parte do espólio do Museu Ashmolean de Oxford despertaram o interesse académico. Torna-se, portanto, curioso que Carroll o utilize nas duas versões da sua obra, provavelmente como uma auto-referência parodística e até surreal, pois crê-se que Carroll (Dodgson), que gaguejava, terá utilizado o cacofónico nome do animal para brincar com a forma como ele próprio diria o seu nome "Do… Do… Dodgson".[28] Já o Pato e a Arara funcionariam como caricaturas de pessoas reais, o Pato (Duck) seria a caricatura do Reverendo Duckworth, o quinto membro da viagem de barco durante a qual Carroll inventaria a história do País das Maravilhas, e a Arara (Lory) seria a caricatura de Lorina Liddell, a irmã mais velha de Alice. Já o Chapeleiro Louco será a caricatura de um conhecido residente de Oxford que usava sempre chapéu (Theophilus Carter), ecoando a personagem também o ditado popular britânico "louco como um chapeleiro" ("as mad as a hatter"), enquanto o Gato de Cheshire invoca um outro ditado "sorrir como um gato de Cheshire" ("a grin like a Cheshire Cat"). Também a louca Lebre de Março faz eco

27 Tendo sido considerado um animal mítico por alguns cientistas até ao século XIX, o dodó foi extinto por acção humana (colonização europeia das ilhas Maurícias) um século antes de Cuvier provar a sua extinção e de o animal 'conquistar' fama póstuma. Um retrato de um dodó da autoria de Jan Savery (1651), que se encontra ainda no Museu de História Natural de Oxford, terá influenciado Carroll, que visitou o museu várias vezes com Alice Liddell e outras crianças. O famoso quadro de George Edwards (1759) poderá também ter servido de inspiração ao escritor (Samuel T. Turvey e Anthony S. Cheke, "Dead as a Dodo: The Fortuitous Rise to Fame of an Extinction Icon", *Historical Biology: An International Journal of Paleobiology*, 20:2, 2008, pp. 149-163 e Joylon C. Parish, *The Dodo and the Solitaire: A Natural History*, Blomington: Indiana University Press, 2013).

28 Cf. Hugh Haughton, "Introduction", in Lewis Carroll, *Alice's Adventures in Wonderland and Through the Looking Glass*, Londres: Penguin, 1998, p. xvi.

do ditado "louca como uma lebre de Março" ("Mad as a March Hare"), que remeterá para o comportamento das lebres que acasalam em Março.

No capítulo quinto é recuperado um cómico e típico tema do teatro inglês, o das identidades trocadas, pois Alice é confundida com Mary Ann, a empregada do Coelho Branco, o que permite à jovem entrar no lar dele e crescer, metamorfose que dá lugar a mais uma comparação, desta feita tactual, gastronómica e hiperbólica, pois Alice é descrita a preencher todo o quarto do Coelho, como compota num frasco. Cómico é também o quadro violento da cozinha da Duquesa, onde o leitor acede simultaneamente a várias acções-molduras físicas, gastronómicas e sonoras. A acção cruel da Duquesa assume-se como violência doméstica para com crianças, adquirindo a descrição contornos algo dickenseanos. Por seu lado, Alice protege o bebé até se aperceber que é, de facto, um pequeno porco, o que caracteriza a relação entre humanos e alguns animais, como referimos anteriormente. Já o Coelho Branco, que dá nome ao primeiro capítulo de *ACMP*, é uma personagem constante que, sendo o motor da queda da protagonista exploradora, acaba por (per)correr quase toda a obra, e esses ressurgimento e dinamismo adensam o *suspense* e agradam ao público mais 'pequeno'. A queda de Alice na sua toca e o mundo fantástico para o qual esta é uma porta de entrada e fronteira são retomados intertextualmente por autores como Salman Rushdie como símbolos simultaneamente sérios e cómicos para a experiência da emigração.[29] Aliás, essa descida de Alice tem sido interpretada como a entrada da heroína na "Uncanny-Land", viagem durante a qual significado e significante se fundem, sugerindo as possibilidades do universo simbólico[30] que se instaura quer

29 Cf. Rebecca L. Walkovitz, *Cosmopolitan Style: Modernism Beyond the Nation*, Nova Iorque: Columbia University Press, 2006.

30 D. Rudd, *op. cit.*, p. 117.

durante a queda universal, como o próprio narrador sugere, quer durante a exploração da sala ladeada por portas, embora, em *ACMP*, Carroll esbata essa fusão ao recordar constantemente ao ouvinte que se trata de um sonho inofensivo.

Se a obra é dedicada às ouvintes dos zero ao cinco anos, que ainda não lêem, a história terá que ser lida-contada e comentada por um familiar que poderá rentabilizar os seus conhecimentos da sua leitura prévia de *As Aventuras*, sendo várias as edições da obra publicadas, em diversas línguas, inclusive em inglês, com um título diferente do original (*Nursery Alice*), tornando-o mais explícito, veja-se, por exemplo, o título utilizado na anterior tradução desta obra pela Vega (*Alice para os Mais Pequenos*, 1993) e em edições norte-americanas (*Alice for the Very Young*, Grolier Society, Nova Iorque, 1967). Como veremos nas notas finais, os paratextos defendem uma noção romântica e ingénua da criança (a quem Carroll apresenta as ideias-imagens de envelhecimento e de morte), estabelecendo esses textos um interessante jogo intertextual, através de citações directas, com a Bíblia (Lucas, Malaquias, Salmos), com *Il Penseroso* (1645), de John Milton, e "We Are Seven" (1798), de William Wordsworth, que se ocupa da infância, recuperando, assim, mensagens e imaginários religiosos e literários.

A presente tradução foi feita a partir da edição da Macmillan (Londres), de 1890. Se André Lefebvre,[31] entre tantos outros estudiosos, nos recorda que traduzir é também reescrever, ao longo da nossa tradução mantivemos, tanto quanto nos foi possível, o estilo de escrita oralizante e o imaginário construído pelo autor; as letras maiúsculas (que especificam animais como personagens e espaços da acção); os itálicos que indicam a ênfase a dar a certas palavras durante a leitura; o tom por vezes (propositadamente) cruel,

31 André Lefebvre, *Translation, Rewriting, and the Manipulation of Literary Fame*, Londres: Routledge, 1992.

autoritário e preocupado (com a aprendizagem); a repetição, por vezes anafórica; as frases curtas e simples (por oposição às longas frases de *As Aventuras*), que facilitam a leitura e a aproximam do acto de contar; a adjectivação; as indagações e os apartes entre parêntesis, e, tanto quanto possível, a pontuação, bem como a rima no poema do penúltimo capítulo, embora a métrica tenha sofrido forçosamente alterações. Mantivemos também o uso de tempos verbais diferentes (Presente e Pretérito) numa mesma oração ou num mesmo parágrafo, por exemplo quando das descrições da Lebre de Março e do chapéu do Chapeleiro, pois essa estratégia premeditada permite distinguir entre o tempo (mais recuado) da acção e o tempo mais recente da narração e dos comentários. Convertemos as unidades de medida, mas mantivemos a unidade monetária (traduzida) no capítulo do Chá de Loucos. Fizemos algumas escolhas de tradução tendo em mente o público mais jovem a quem a obra se destina. Se Maria de Meneses traduz "caucus race" como "reunião política",[32] Maria Filomena Duarte como "maratona eleitoral"[33] e Vera Azancot[34] e Margarida Vale de Gato[35] como "corrida eleitoral", porque uma *caucus race* é, de facto, em inglês, uma reunião política ou partidária para se tomar uma decisão através de votos, optei por traduzir essa expressão como "corrida sem meta", na senda de traduções espanholas de *ACMP*,[36] pois essa expressão veicula de forma mais explícita o sentido da corrida que as crianças apreenderão.

32 Lewis Carroll, *Alice no País das Maravilhas*, trad. Maria de Meneses, Lisboa: Vega, 2008, p. 29.

33 *Ibidem*, trad. Maria Filomena Duarte, Lisboa: Publicações D. Quixote, 2000, p. 29.

34 *Ibidem*, col. "*Visão*", trad. Vera Azancot, Lisboa: Abril/Controljornal, 2000, p. 19.

35 *Idem*, *As Aventuras de Alice no País das Maravilhas e Alice do Outro Lado do Espelho*, trad. Margarida Vale de Gato, Lisboa: Relógio de Água, 2000, p. 29.

36 Uma tradução espanhola encontra-se em vários *sites*:

Trata-se de um texto palimpséstico e *scriptible*, no qual, tal como em *Do Outro Lado do Espelho*, a protagonista questiona um sistema de justiça subvertido[37] e o conceito de democracia igualmente carnavalizado no final da corrida eleitoral, podendo o Dodó representar o político pomposo[38] que oferece verbas e serviços aos cidadãos usando o dinheiro (dos impostos) destes últimos, fingindo que lhes está a dar algo que não era já deles à partida e por direito.

Alice (contada aos mais pequenos) parece ser, no final, um sonho e simultaneamente um jogo com várias camadas ou possibilidades de leitura, e, sendo o(s) Outro(s) um baralho de cartas, não há, nem restam, perigos ou medos, apenas o poder da imaginação.

Rogério Migue Puga
FCSH/NOVA
Para a Laura, prestes a chegar.

Lisboa, Julho de 2015

http://expreso.co.cr/alicia/alicia-para-ninos e https://arescronida.files.wordpress.com/2010/01/alicia-para-ninos1.pdf (visionados em 12-04-2015).

37 Lewis Carroll, *As Aventuras*, trad. Margarida Vale de Gato, pp. 218.

38 Sobre democracia e política em *As Aventuras*, veja-se Kent Puckett, "Caucus Racing", *Novel: A Forum on Fiction*, 47:1, 2014, pp. 11-23.

“Alice” Contada aos Mais Pequenos

QUERIDO BEBÉ[1]

O regaço de uma mãe,
Refúgio seguro contra medos,
Problemas e lágrimas infantis, e
Neblinas que turvam esses luminosos anos!
Vejam como, no sono, ela parece cantar,
Sem voz, um salmo, uma oferenda
Erguida, à glória do seu Rei,
Por Amor, pois o Amor é Descanso.

O beijo de um querido bebé
O mais querido de todos os sinais que se desprendem
Dos lábios que com amor repetem,
Uma e outra vez, a sua doce mensagem!
Cheia até cima de alegria e meninice,
Uma criança—e tão criança que ela é —
Para quem sonhar com o céu será ficar
Em casa, pois o lar é uma bênção.

Prefácio

(DIRIGIDO ÀS MÃES)

Tenho motivos para acreditar que *As Aventuras de Alice no País das Maravilhas* foi lida por centenas de Crianças Inglesas, dos cinco aos quinze anos, dos quinze aos vinte e cinco, e também por Crianças entre os vinte e cinco e os trinta e cinco anos, e até por Crianças, que também as *há*, Crianças a quem a decadência da saúde e da força, o cansaço da solene paródia, o brilho distintivo, ou a irremediável miséria da Vida ainda não tentaram secar a fonte da alegria pura que se mantém em todos os corações infantis; são Crianças de uma "certa" idade, e a história desses anos deve permanecer por contar e enterrada em respeitoso silêncio.

A minha *actual* ambição (fútil?) é ser lido por crianças entre os Zero e os Cinco anos de idade. Ser lido? Não, não será bem isso, ou melhor, direi que o meu livro será percorrido por polegares, será arrulhado, dobrado, amachucado e beijado pelos pequenos bebés com covinhas e iletrados[2] que enchem o nosso lar de alegre gritaria e o íntimo do nosso coração com serena felicidade!

Tal como, por exemplo, uma criança que eu conheci em tempos e que—tendo sido cuidadosamente ensinada que *uma* só coisa entre as coisas terrenas seria o suficiente para uma rapariguinha, e que pedir *dois* bolos, *duas* laranjas, *duas* coisas do que quer que fosse atrairia sobre ela a terrível acusação de ser "egoísta"—foi encontrada, uma manhã, sentada na sua cama, a observar solenemente os seus *dois* pequenos pés descalços e a murmurar, suave e penitentemente: "goísta"!

Lewis Carroll
Quadra Pascal, 1890

Índice

E.G.T.

A Lebre de Março

CAPÍTULO I

O Coelho Branco

Era uma vez uma menina chamada Alice que teve um sonho muito estranho.

Gostarias de saber o que ela sonhou?

Bom, a *primeira* coisa que aconteceu foi esta: um Coelho Branco apareceu a correr com muita pressa e, exactamente quando passava por Alice, parou e tirou o seu relógio do bolso.

É engraçado, não é? Já alguma *viste* um Coelho que tivesse um relógio e um bolso para o guardar? Naturalmente, quando um Coelho tem um relógio, *tem* que ter um bolso para o guardar. Nunca conseguiria guardá-lo na boca, e necessita amiúde das mãos para correr.

Não são lindos, os seus olhos cor de rosa? (acho que *todos* os Coelhos Brancos têm olhos cor de rosa); as suas orelhas cor de rosa e o seu belo casaco castanho? Consegue-se ainda ver o lenço vermelho a espreitar do bolso do seu casaco, o seu laço azul e o seu colete amarelo; ele está realmente muito bem vestido.

"Credo, credo!" disse o Coelho, "Vou chegar demasiado tarde!" Mas seria tarde demais *para quê?*, pergunto-me. Bom, sabes, ele tinha de ir visitar a Duquesa (brevemente, verás um retrato da Duquesa sentada na sua cozinha): e essa Duquesa era uma velhota muito resmungona, e o Coelho *sabia* que ela ficaria zangada se ele a fizesse esperar. O pobre coitado não poderia estar mais assustado (Não vês como treme? Se abanares o livro um pouco, de um lado para o outro, logo o verás tremer), porque achava que a Duquesa lhe mandaria cortar a cabeça, como castigo. Era isso que a Rainha de Copas fazia quando *se* zangava com as pessoas (em breve, verás um retrato *dela*): bom, ela costumava mandar cortar cabeças, e sempre *pensou* que tal era feito, embora, *na verdade*, ninguém o fizesse.

E então, quando o Coelho Branco fugiu, Alice quis ver o que lhe iria acontecer e correu atrás dele, e correu, correu, até que caiu na toca do coelho.

A sua queda foi mesmo muito longa. Desceu, desceu e desceu até que começou a pensar se não estaria a *atravessar* o Mundo, e se não iria sair do outro lado!

A toca era como um poço muito fundo, mas sem água. Se alguém caísse *realmente* assim, morreria na certa, mas bem sabes que não magoa nem um bocadinho cairmos num *sonho*, porque sempre que *pensas* que estás a cair, na verdade *estás* deitada[3] algures, tranquila e ferrada a dormir!

A terrível queda terminou finalmente, e Alice aterrou num monte de ramos e de folhas secas. Mas não se magoou nem um pouco, e, dando logo um salto, pôs-se em pé e correu atrás do Coelho outra vez.

E este foi o início do estranho sonho de Alice. E da próxima vez que vires um Coelho Branco, tenta imaginar que também *tu vais* ter um sonho estranho, tal como a nossa pequena Alice.

CAPÍTULO II

Como Alice Ficou mais Alta

Depois de ter caído na toca do coelho e de ter corrido muito no subsolo, de repente, Alice deu por ela num grande salão, com portas em todo o seu redor.

Mas as portas estavam todas fechadas, pelo que a pobre Alice jamais conseguiria sair do salão, e isso entristeceu-a.

Passado pouco tempo, Alice encontrou uma pequena mesa, toda feita de vidro, com três pernas (na gravura da página 8 podes ver *duas* dessas pernas e o *início* da outra), e sobre a mesa estava uma pequena chave. Alice deu a volta ao salão e tentou ver se conseguiria abrir alguma das portas com essa chave.

Pobre Alice! A chave não abria *nenhuma* das portas, mas finalmente chegou a uma portinhola, e foi grande a sua alegria ao descobrir que a chave cabia na pequena porta!

Alice abriu a portinhola, baixou-se, espreitou, e o que achas tu que ela terá visto? Um belíssimo jardim. E *apetecia-lhe* tanto lá entrar! Mas a porta era *demasiado* pequena. Ela jamais conseguiria passar pela portinhola, tal como *tu* não conseguirias enfiar-te na toca de um rato!

Então, a pobre Alice trancou a porta e colocou a chave de volta na mesa. No entanto, *desta* vez encontrou algo novo sobre a mesa (olha, agora, para a gravura outra vez), e o que achas que era? Um pequena garrafa, com uma etiqueta pendurada e com a palavra "BEBE-ME".

Alice provou e, como era *muito* bom, pôs mãos à obra e bebeu tudo. E foi então que lhe aconteceu algo *deveras* curioso! Jamais adivinharás o que foi, e por isso terei que te contar. Alice ficou cada vez mais pequena, e mais pequena, até ficar do tamanho de uma boneca pequenina!

Foi então que ela disse a si mesma: "*Agora* estou do tamanho certo para atravessar a portinhola!" E lá correu ela. Mas, ao chegar, a porta estava fechada, a chave encontrava-se em cima da mesa e Alice não lhe conseguiria chegar! *Que* pena que ela tivesse voltado a fechar a porta.

Bem, a próxima coisa que ela encontrou foi um bolo pequeno com a palavra "COME-ME" escrita. E, claro, ela pôs mãos à obra e comeu-o. E, *depois* disso, o que achas que lhe aconteceu? Não, nunca adivinharás! Mais uma vez, vou ter de te contar.

Ela cresceu, cresceu e cresceu. Ficou muito mais alta! Mais alta do que *qualquer* criança! Mais alta do que *qualquer* pessoa crescida! Mais alta, muito mais alta! Basta olhares para a gravura e *verás* o quão alta ela ficou!

Qual delas preferias *tu* ter sido? Uma Alice pequenina, não maior que um gatinho, ou uma Alice grande, com a tua cabeça sempre a bater no tecto?

Capítulo III

O Lago de Lágrimas

Talvez aches que Alice se alegrou muito quando comeu o bolo e deu por ela a ficar tão alta. Porque, claro, *agora* seria fácil tirar a pequena chave da mesa de vidro e abrir a portinhola.

Bom, é evidente que ela *o* poderia fazer, mas de que lhe serviria abrir a porta quando não a poderia *atravessar*? Ela estava bem pior que antes, a pobre coitada! Ao baixar a cabeça até ao chão, ela mal conseguia *espreitar* pela portinhola com um só olho! Mas era *tudo* o que conseguia fazer. Não admira, portanto, que a pobre e alta criança se tivesse sentado e chorado como se o seu coração se destroçasse.

Alice chorou e chorou. As suas lágrimas correram para o meio do salão, como um rio abundante, e rapidamente se formou uma um enorme Lago de Lágrimas que cobria metade do salão. Talvez ela aí tivesse ficado até hoje, se o Coelho Branco não tivesse atravessado o salão quando ia visitar a Duquesa. Ele não poderia estar mais bem vestido. Tinha um par de luvas branco de criança numa mão, e na

outra um leque, e murmurava incessantemente para si mesmo: "Ai, a Duquesa, a Duquesa! Ó, o quão furiosa *não* deverá ela estar se eu a tiver feito esperar!"

Mas ele não viu Alice, sabes? Por isso, quando ela começou a dizer "Por favor, Senhor—" a voz parecia vir do alto do salão, pois a cabeça dela estava bem lá no alto. E o Coelho, terrivelmente assustado, deixou cair as luvas e o leque, e fugiu o mais rápido que pôde.

Então aconteceu uma coisa *muito* estranha. Alice pegou no leque, começou a abaná-lo, e, surpresa das surpresas, ficou mais pequena outra vez, e, num minuto, estava do tamanho de um rato!

Agora, olha para a imagem, e rapidamente adivinharás o que aconteceu de seguida. Parece mesmo o mar, não parece? Mas *na verdade* é o Lago de Lágrimas, formado pelas lágrimas de *Alice*, vês?

E Alice caiu no Lago e o rato também, e ali estão, a nadar juntos.

Alice está linda a nadar ao longo da gravura, não está? Consegues ver as suas meias azuis, lá ao fundo, dentro de água.

Mas por que razão nadará o rato para longe de Alice a toda a velocidade? Bom, é que Alice começou a falar de gatos e de cães, e os Ratos *odeiam* falar de gatos e de cães!

Supõe *tu* que estavas a nadar no Lago das tuas próprias Lágrimas e imagina que alguém *te* começava a falar de manuais escolares e de frascos de remédio, não nadarias para longe a toda a velocidade?

Capítulo IV

A Corrida sem Meta

Quando Alice e o Rato saíram do Lago de Lágrimas, estavam, claro, encharcados, tal como muitas outras curiosas criaturas que, entretanto, também ali tinham caído. Havia um Dodó (é o grande pássaro à frente, a apoiar-se numa bengala), e um Pato e uma Arara (que está mesmo atrás do Pato, a olhar por cima da cabeça dele) e uma pequena Águia (que está à esquerda da Arara), entre outros.

Bom, e nenhum deles fazia ideia de como se poderiam secar, mas o Dodó, que era um pássaro muito esperto, disse-lhes que a melhor forma era fazerem uma Corrida sem Meta. E como achas tu que seria *essa* corrida? *Não sabes?* Bem, *és* uma criança ignorante! Presta muita atenção agora e rapidamente te aliviarei dessa ignorância!

Em primeiro lugar, tens que ter uma *pista de corrida*. Deve ser, assim, um círculo, mas não interessa muito *que* forma tem, desde que

ande à volta um bom bocado e que as pontas se voltem a unir.

De seguida, deves colocar todos os *corredores* na pista, aqui e ali, não interessa *onde*, desde que não os disponhas demasiado juntos.

Depois, não tens que dizer "Um, dois, três, partida!" mas apenas deixá-los partir e abandonar a corrida quando quiserem.

Assim sendo, todas essas criaturas, incluindo Alice, correram às voltas até estarem bem secas. E aí, o Dodó disse que *todos* eram vencedores e que *todos* mereciam e deveriam ter um prémio!

Claro que *Alice* teve que lhes dar prémios, e não tinha nada para lhes dar a não ser alguns doces que, por acaso, tinha no bolso. Havia apenas um prémio para cada animal e não sobrou nenhum para Alice!

O que achas, então, que eles fizeram? A Alice só lhe restava o seu dedal. Agora, olha para a gravura e verás o que aconteceu.

"Passa-me isso!" disse o Dodó.

O Dodó recebeu o dedal e deu-lho de volta, dizendo: "Pedimos-te que aceites este elegante dedal!" e todas os animais aplaudiram.

Não achas que foi *um* presente estranho? Supõe que eles *te* queriam oferecer um presente de aniversário, preferirias que fossem ao teu armário de brinquedos, escolhessem a tua melhor boneca e te dissessem: "Aqui tens, querida, um belíssimo presente de aniversário!" ou que te oferecessem algo *novo*, algo que ainda *não* te pertencesse?

Capítulo V

Bill, o Lagarto

Agora vou contar-te as Aventuras de Alice na casa do Coelho Branco.

Lembras-te que o Coelho deixou cair as luvas e o leque quando se assustou ao ouvir a voz de Alice, que parecia descer do céu? Bom, claro que ele não poderia ir visitar a Duquesa *sem* as suas luvas e o seu leque, pelo que, um pouco depois, regressou para os procurar.

Por essa altura, já o Dodó e as demais curiosas criaturas se tinham ido embora, e Alice deambulava sozinha.

O que achas então que o Coelho fez? Na verdade, ele pensou que Alice era a sua empregada e começou a dar-lhe ordens! "Mary Ann!" disse ele, "vai a casa neste instante, buscar-me um par de luvas e um leque! Rápido, agora!"

Talvez ele não conseguisse ver claramente com os seus olhos cor de rosa, pois tenho a certeza que Alice não se parece muito *com* uma empregada, *pois* não? Como ela era uma menina amável e não se ofendeu nem um pouco, correu para a casa do Coelho o mais rápido que pôde.

Por sorte, encontrou a porta aberta, pois se tivesse que tocar, suponho que a *verdadeira* Mary Ann teria vindo abrir a porta e *nunca* teria deixado Alice entrar. E estou certo de que ela teve *muita* sorte por não se ter cruzado com a *verdadeira* Mary Ann ao correr para o andar de cima, pois receio que ela a teria tomado por uma ladra!

Finalmente, Alice encontrou o quarto do Coelho, onde estava um par de luvas na mesa, e ia pegar nelas para se ir embora quando viu uma pequena garrafa nessa mesa. Claro que a garrafa tinha a palavra "BEBE-ME" no rótulo. E claro que Alice bebeu um pouco!

Bom, creio que o que aconteceu *também* foi sorte, não achas? Porque se Alice *não tivesse* bebido, não teriam acontecido todas estas maravilhosas aventuras que te vou contar. E *isso* teria sido uma pena, não?

Estás a ficar tão habituada às Aventuras de Alice que eu atrevo-me a dizer que conseguirás adivinhar o que aconteceu a seguir. Se não consegues, eu conto-te.

Ela cresceu, cresceu e cresceu! E, num curto espaço de tempo, o quarto ficou cheio de *Alice*, da mesma forma que um frasco está cheio de compota! Havia *Alice* até ao tecto e *Alice* em cada canto do quarto!

Como a porta abria para dentro, não havia espaço para a abrir; daí que quando o Coelho se cansou de esperar, e veio ele próprio buscar as luvas, não conseguisse entrar.

O que achas, então, que ele fez? (observemos a gravura). Ele mandou Bill, o Lagarto, subir ao telhado da casa e descer pela chaminé, mas Alice tinha um dos seus pés na lareira e quando ouviu Bill a descer pela chaminé deu um pontapé leve, e lá foi Bill, a voar pelos ares!

Pobre Bill! Não tens pena dele? Deverá ter ficado bastante assustado!

CAPÍTULO VI

O Querido Cachorrinho

Bom, não parece ser um cachorro tão *pequeno* quanto isso, parece? Mas, sabes, Alice ficou mesmo muito pequena, e *é por isso* que o cachorro parece tão grande. Quando Alice comeu um daqueles pequenos bolos mágicos que encontrou na casa do Coelho Branco encolheu imediatamente e conseguiu passar pela portinhola, senão *jamais* teria saído da casa, o que *teria* sido uma pena porque se assim tivesse sido, ela não teria sonhado todas aquelas coisas estranhas sobre as quais vamos ler.

Afinal, *era* mesmo um *pequeno* Cachorro, sabes? E não é tão *fofo*? Repara como ladra

para o pauzinho que Alice segura! Consegues ver que ela estava com um *pouco* de medo dele e escondeu-se atrás daquele cardo enorme, temendo que ele a derrubasse. O que teria sido tão mau para *ela* como para *ti* seres atropelada por uma carruagem e quatro cavalos!

Tens um cão pequenino em *tua* casa? Se tens, espero que sejas sempre boa para ele, e que lhe dês coisas boas para comer.

Há algum tempo conheci umas crianças pequenas, aproximadamente da tua idade, que tinham um pequeno cão chamado *Dash*, e que me contaram o seguinte sobre o presente de aniversário dele:

"Olha, um dia lembrámo-nos que Dash fazia anos, e dissemos 'Vamos dar ao Dash um belo presente de aniversário, como o que recebemos nos *nossos* aniversários!' E pensámos, pensámos: 'Bom, de que é que gostamos mais no *nosso* aniversário?' E pensámos, pensámos, e finalmente gritámos todos juntos 'Olha, de *papas de aveia*, claro!"

Obviamente, pensámos *logo* que o Dash também iria adorar.

"Então fomos ter com a cozinheira, e pedimos-lhe para fazer um prato cheio de maravilhosas papas de aveia. Depois chamámos o Dash para dentro de casa e dissemos-lhe 'Dash, agora vais ter o teu mimo de aniversário!' E esperávamos que o Dash saltasse de alegria, mas não saltou, nem um pouco!

"Então pusemos o prato no chão, à sua frente, e dissemos-lhe 'Então, Dash, não sejas ganancioso! Come como deve ser, como um cão bem comportado!'

"E o Dash provou um pouco com a ponta da língua e fez uma cara muito feia! E, olha, *gostou tão pouco* que já não conseguiu comer mais! Tivemos que enfiar-lhas pela garganta abaixo com a ajuda de uma colher!"

Pergunto-me se Alice dará algumas papas de aveia a *este* cachorrinho? Acho que ela não *poderia*, porque não tem papas com ela. Não consigo ver nenhum prato na gravura.

Capítulo VII

A Lagarta Azul

Gostarias de saber o que aconteceu a Alice depois de ter saído de junto do Cachorro? Era um animal grande demais para *ela* poder brincar com ele, sabes. (Suponho que *tu* não gostarias muito de brincar com um jovem hipopótamo, pois não? Estarias sempre à espera de ser esmagada como uma panqueca debaixo dos seus pés grandes e pesados!) E Alice ficou feliz por conseguir fugir quando ele não estava a olhar.

Bom, ela deambulou por aqui e por ali, sem saber o que fazer para voltar ao seu tamanho normal. É claro que ela sabia que teria de comer ou beber *algo*, era essa a regra, lembras-te, mas não conseguia adivinhar *o que* teria de fazer.

De repente, Alice deparou com um cogumelo enorme, tão alto que teve de se colocar em bicos de pé para ver a sua parte de cima. E o que achas que ela viu? Viu algo com que nunca falaste em toda a tua vida, disso estou certo!

Era uma grande Lagarta Azul.

Brevemente, dir-te-ei sobre o que falaram Alice e a Lagarta, mas primeiro olhemos com atenção para a gravura.

Aquele curioso objecto à frente da Lagarta é um "narguilé" e é utilizado para fumar. O fumo sai pelo tubo comprido que se enrola e enrola como uma serpente.

E vês o nariz comprido e o queixo da lagarta? À partida, *parecem* ser um nariz e um queixo, não parecem? Mas são, na verdade, duas das suas patas. Sabes que uma lagarta tem *muitas* patas. Conseguirás ver mais algumas patas um pouco mais abaixo.

Que pesadelo deve ser para uma Lagarta contar tantas patas, todas as noites, para se certificar que não perdeu nenhuma!

E *outro* grande pesadelo será ter que decidir *que* pata será melhor mexer primeiro. Penso que se *tu* tivesses 40 ou 50 pernas e quisesses ir dar um passeio, demorarias tanto a decidir com que perna começar que jamais irias passear!

E sobre o que terão *falado* Alice e a Lagarta?, pergunto-me.

Bom, Alice disse-lhe que era confuso ter primeiro um tamanho e depois outro.

E a Lagarta perguntou-lhe se ela gostava da sua altura naquele momento?

E Alice respondeu-lhe que gostaria de ser um *pouco* maior, ter uma altura de sete centímetros e meio[4] era mesmo *muito mau*! (Basta marcares sete centímetros e meio na parede, mais ou menos o comprimento do teu dedo médio, e verás que tamanho ela teria).

E a Lagarta disse-lhe que um lado do cogumelo a faria *crescer* e o outro lado a faria *encolher*.

Então, Alice levou consigo dois pedaços do cogumelo para mordiscar e conseguiu ficar com a altura certa antes de ir visitar a Duquesa.

Capítulo VIII

O Porco Bebé

Gostarias que te contasse a visita de Alice à Duquesa? Garanto-te que foi uma visita muito interessante.

Claro que Alice começou por bater à porta, mas ninguém veio, e ela resolveu abri-la.

Agora, se olhares para a gravura verás exactamente o que Alice viu ao entrar.

A porta dava directamente para a cozinha. A Duquesa estava sentada no meio da divisão, a tomar conta do Bebé. O Bebé berrava. A sopa estava a ferver. A cozinheira estava a mexer a sopa. O Gato—era um Gato de *Cheshire*—

estava a sorrir, como os Gatos de Cheshire fazem sempre. Tudo isto acontecia quando Alice entrou.

A Duquesa tem uma touca e um vestido bonitos, não tem? Mas parece-me que *não tem* uma *cara* muito bonita.

O Bebé, bom, atrevo-me a dizer que já viste vários bebés mais bonitos que *aquele*, e com melhores feitios também. No entanto, olha melhor para ele, e veremos se o reconhecerás da próxima vez que o encontrares!

A Cozinheira, bem, já *deves* ter visto cozinheiras mais simpáticas, uma ou duas vezes.

Mas estou quase certo que *nunca* viste um *Gato* tão bonito! *Já* viste? E *não* gostarias de ter um gato teu como aquele, com uns bonitos olhos verdes e um sorriso tão dócil?

A Duquesa foi muito rude para com Alice. E não admira, pois ela até "Porco!" chamou ao seu próprio *Bebé*. E *não era* um Porco, ou *era*? A Duquesa ordenou à Cozinheira que cortasse a cabeça de Alice, embora, claro, a cozinheira não o fizesse, e, por último, arremessou o Bebé contra Alice! E Alice apanhou o Bebé e levou-o; acho que foi a melhor coisa que ela poderia ter feito.

Alice vageou pelo bosque, carregando a pobre e feia criaturinha. E que façanha era conseguir segurá-la, de tanto que ela se mexia. Mas finalmente Alice descobriu que a forma *apropriada* de a segurar era agarrá-la bem pelo pé esquerdo e pela orelha direita.

Mas *tu* não tentes segurar um Bebé assim, minha Criança! Não há muitos bebés que *gostem* de ser assim tratados!

Bom, o Bebé continuou a grunhir e grunhir, até que Alice teve que lhe dizer, com ar sério: "Se te vais transformar num *Porco*, meu querido, não quero saber mais de ti. Cuidado!"

A seguir, Alice olhou para a cara do bebé, e o *que* achas tu que lhe tinha acontecido? Observa a gravura e tenta adivinhar!

"Ora bem, mas *este* não é o Bebé de que Alice estava a tomar conta, pois não?"

"Ah, eu *sabia* que não o reconhecerias, embora te tivesse dito para o observares com cuidado! Sim, *é* o Bebé. E transformou-se num pequeno *Porco*!

Então Alice pousou-o no chão e deixou-o trotar rumo ao bosque, dizendo a si mesma: "Acho que era um *Bebé muito* feio, mas é um *Porco* bem bonito".

Não achas que ela tinha razão?

CAPÍTULO IX

O Gato de Cheshire

Completamente sozinha, sozinha! Pobre Alice! Sem um Bebé, nem mesmo um *Porco*, que lhe faça companhia!

Podes estar certa de que ela ficou mesmo muito feliz ao encontrar o Gato de Cheshire empoleirado numa árvore, por cima da cabeça dela.

O Gato tem um sorriso muito bonito, sem dúvida, mas, repara, tantos dentes que tem! Não estará Alice com um *pouco* de vergonha dele?

Bom, sim, um *pouco*. Mas, sabes, ele não poderia deixar de ter dentes, *ajudariam* a sorrir, supondo que ele tivesse estado zangado. De modo que, bem vistas as coisas, Alice estava *satisfeita*.

Ela está muito empertigada, com o pescoço tão esticado e as mãos atrás das costas, como se fosse dar uma lição ao Gato!

Isso fez-me lembrar uma coisa. Há uma pequena lição que *te* quero ensinar, enquanto estamos a olhar para esta imagem de Alice e do Gato. Vá, não te ponhas com mau-feitio por causa disto, minha querida Criança! É uma lição muito *curta*!

Vês aquela flor, a Dedaleira, a crescer junto à árvore? Sabes por que razão se chama 'Luva de Raposa' em inglês? Talvez aches que tem algo a ver com Raposas? Nada disso! As *Raposas* não calçam Luvas!

O termo certo é "Luvas de Pessoas". Nunca ouviste dizer que as Fadas costumavam ser chamadas "boas *pessoas*"?

Agora que acabámos a lição, esperamos um minuto até que o teu mau-feitio desapareça.

Então? Sentes-te mais bem-humorada? Sem birras e sem sobrancelhas franzidas? Então continuemos!

"Bichano de Cheshire!" disse Alice (*Não* é um bonito nome para um Gato?) "Poderias dizer-me que caminho deverei tomar a partir daqui?"

O Gato de Cheshire disse-lhe que caminhos ela deveria tomar para visitar o Chapeleiro e a Lebre de Março. "São os dois loucos!", disse o Gato.

A seguir, o Gato desapareceu, como a chama de uma vela quando se extingue!

Então, Alice pôs-se a caminho para visitar a Lebre de Março, e quando caminhava, apareceu-lhe o Gato de novo! Ela disse-lhe que não gostava que ele aparecesse e desaparecesse de forma tão brusca.

E desta vez, o Gato desapareceu muito lentamente, começando pelo rabo e terminando pelo sorriso. Um sorriso, assim, sem um Gato, é *algo* muito estranho, não achas? Gostarias de ver um?

Se levantares a ponta da página 40, verás Alice a olhar para o Sorriso, e ela não parece nem um bocadinho mais assustada do que quando olhava para o Gato, *parece*?

Capítulo X

O Chá dos Loucos

Este é o Chá dos Loucos. Alice deixara o Gato de Cheshire e fora visitar a Lebre de Março e o Chapeleiro, tal como o Gato de Cheshire aconselhara, e encontrou-os a tomar chá debaixo de uma grande árvore, com um Arganaz sentado entre eles.

Só estavam eles três à mesa, mas havia inúmeras chávenas de chá postas. Não vês a mesa toda, e no bocado que *consegues* ver há nove chávenas, contando com a que a Lebre de Março tem na sua mão.

A Lebre de Março é a das orelhas grandes, com as palhas embrenhadas no cabelo. As palhas indicavam que ela era louca, não sei porquê. Nunca embrenhes as palhas no *teu* cabelo, não vão as pessoas achar que és louca!

Ao fundo da mesa, havia um lindo cadeirão verde que parecia estar ali mesmo para Alice, e ela sentou-se nele.

Alice teve uma longa conversa com a Lebre de Março e o Chapeleiro; o Arganaz não falou

muito, pois estava quase sempre a dormir profundamente e apenas acordava por um momento, muito de vez em quando.

Enquanto estava a dormir era muito útil à Lebre de Março e ao Chapeleiro, pois tinha uma cabeça redonda e fofa, como uma almofada, e eles podiam descansar os cotovelos nela, debruçarem-se sobre ela e assim falar um com o outro confortavelmente. Tu não gostarias que as pessoas utilizassem a *tua* cabeça como almofada, *pois não*? Mas se estivesses a dormir profundamente como o Arganaz não darias por nada, pelo que suponho que tal não te preocuparia.

Acho que deram *muito* pouco de comer e de beber a Alice. Mas passado um bocado, ela própria se serviu de chá e de pão com manteiga, embora eu não veja bem onde ela *arranjou* pão com manteiga, e, aliás, nem sequer tinha prato para o pôr. Parece que ninguém tem prato, excepto o Chapeleiro. Creio que a Lebre de Março também deveria ter um, pois quando todos mudaram de lugar (essa era uma das regras deste curioso chá), Alice teve que se sentar no lugar da Lebre de Março e descobriu que ela entornara o jarro do leite no seu prato. Por isso acho que o seu prato e o jarro de leite deverão estar escondidos por trás do enorme bule de chá.

O Chapeleiro costumava andar com chapéus para vender e até o que ele tem na cabeça está à venda. Como vês, tem o preço marcado—um "10" e um "6"—que significa "dez xelins e seis *pence*".[5] Não achas que era uma forma engraçada de vender chapéus? E ele tem um belo laço no pescoço não tem? Um belo laço amarelo, com enormes pintas vermelhas.

O Chapeleiro acaba de se levantar para dizer a Alice "Tens de cortar o cabelo!" Foi uma coisa pouco simpática de se dizer, não *foi*? E achas que ela *precisa* realmente de cortar o cabelo? Eu acho que não está demasiado comprido, tem o tamanho ideal.

CAPÍTULO XI

O Jardim da Rainha

Esta é apenas uma parte do lindo jardim de que te falei. Alice conseguira, finalmente, encolher para poder atravessar a portinhola. Acho que ela tinha a altura de um rato em pé, sobre as patas traseiras, pelo que a roseira era *muito* pequena e os jardineiros *muito* baixos.

Que homenzinhos engraçados que eles são! Mas achas que *serão* homens? Eu acho que devem ser cartas com vida, que têm cabeça, braços e pernas apenas para *parecerem* homens pequenos. E o que *estarão* a fazer com aquela tinta vermelha?, pergunto-me. Bom, foi isto que eles contaram a Alice: A Rainha de Copas queria ter uma roseira *vermelha* naquele canto, e os pobres jardineiros tinham cometido o enorme erro de plantar uma roseira *branca*, e ficaram muito assustados porque a Rainha *ir-se-ia* irritar e ordenar que lhes cortassem a cabeça!

Era uma Rainha terrivelmente feroz, e era assim que agia sempre que se zangava com alguém. "Cortem-lhes a cabeça!" Mas, sabes, *na verdade*, eles não cortavam qualquer cabeça, pois ninguém lhe obedecia, no entanto era isso que ela *dizia* sempre.

Agora, conseguirás adivinhar o que os pobres pequenos jardineiros estão a tentar fazer? Estão a tentar pintar as rosas de *vermelho*, e estão com pressa para o fazer antes que a Rainha chegue. Assim *talvez* a Rainha não descubra que a roseira é, na verdade, *branca*, e então *talvez* os pequenos homens não percam a cabeça!

Como vês, a roseira tinha *cinco* enormes rosas brancas; que trabalheira seria pintá-las todas de vermelho! Mas eles já pintaram três e meia, e se, ao menos, eles parassem de falar... Vá, trabalhem, homenzinhos, trabalhem! Ou a Rainha ainda chega antes de isto estar terminado! E se ela encontrar alguma rosa *branca* no arbusto, sabem o que acontecerá? Ela dirá "Cortem-lhes as cabeças!" Vá, trabalhem, homenzinhos, trabalhem! Despachem-se, despachem-se!

A Rainha acaba de chegar! E *que* zangada que ela vem! Ai, minha pobre e pequena Alice!

CAPÍTULO XII

A Quadrilha das Lagostas

Já alguma vez jogaste Croquet? Joga-se com bolas grandes de madeira de diferentes cores que tens que fazer rolar, e com arcos de ferro através dos quais tens que as fazer passar, e com enormes malhos de madeira com cabos compridos para dar tacadas nas bolas.

Agora, olha para a gravura e verás que *Alice* tem estado a jogar Croquet.

"Mas ela *não poderia* jogar com aquele animal grande e vermelho (como-é-que-sechama) nos seus braços! Como é que ela conseguiria segurar o malho?

Pois, minha querida Criança, o nome *verdadeiro* do grande animal vermelho que funciona como malho é "*Flamingo*"! Neste Jogo de Croquet, as bolas eram *Ouriços* vivos. Sabes que um ouriço se consegue enrolar como se fosse uma bola? Os malhos eram *Flamingos* vivos!

Então Alice—que está a descansar do Jogo um minuto e a conversar com aquela idosa e encantadora senhora, a Duquesa—mantém, claro está, o seu malho debaixo do braço para não o perder.

"Mas eu acho que ela não *era* uma senhora idosa e encantadora, nem um pouco! Chamava *Porco* ao seu Bebé e quis cortar a cabeça de Alice!"

Ah, isso foi apenas uma brincadeira, dizer que cortaria a cabeça de Alice, e quanto ao Bebé, bom, *era* um Porco, sabes? E olha para o *sorriso* dela! É maior que toda a cabeça de Alice, e, no entanto, só conseguimos ver metade dele!

Elas *pouco* ainda tinham conversado quando a Rainha chegou e levou Alice a ver o Grifo[6] e a Tartaruga Falsa.

Não sabes o que é um Grifo? Bem, saberás tu *alguma coisa?* A questão é essa! Observa a gravura. Aquela criatura com cabeça e garras vermelhas e escamas verdes é o *Grifo*. Agora já sabes.

E a outra é a *Tartaruga Falsa*. Tem a cabeça de uma vaca porque a *Sopa de Tartaruga Falsa* é confeccionada com cabeça de vitela.[7] Agora já sabes.

"Mas o que estão a *fazer*, a andar assim à volta de Alice?"

Bom, eu pensei que tu saberias *porquê*!

Estão a dançar a *Quadrilha*[8] *das Lagostas*.

Quando *voltares* a encontrar um Grifo e uma Tartaruga Falsa, atrevo-me a adivinhar que eles a dançarão para *ti*, se pedires amavelmente. Mas não os deixes aproximarem-se *muito*, ou eles pisam-te os pés, tal como fizeram à pobre Alice.

Capítulo XIII

Quem Roubou as Tartes?

Já ouviste falar das tartes que a Rainha de Copas fez? E podes dizer-me o que foi feito delas?

"Bem, *claro* que consigo! Não é disso que fala a canção?

A Rainha de Copas fez umas tartes
Num belo dia de Verão
O Valete de Copas roubou-lhe essas tartes,
E levou-as para longe, pois então!"

Bom, sim, a *Canção* conta-nos isso, mas não se poderia castigar o pobre Valete só porque havia uma *Canção* sobre ele. Tiveram que o prender, acorrentar-lhe os pulsos e levá-lo perante o Rei de Copas, para que houvesse um julgamento normal.

Se olhares agora para a gravura grande na página anterior, verás como é grandioso um julgamento quando o Juiz é um Rei!

O Rei está magnífico, *não* achas? Mas não parece estar muito *feliz*. Acho que aquela coroa em cima da peruca deve ser *muito* pesada e desconfortável. Mas, sabes, ele teve que usar as *duas*, para que as pessoas soubessem que ele era Juiz *e* Rei.

E a Rainha? *Não* parece estar zangada? Ela observa, na mesa, o prato de tartes que lhe deu tanto trabalho a preparar e vê também o malvado Valete (vês as correntes penduradas dos seus punhos?) que lhe as roubou, pelo que acho que não será de admirar que ela esteja um *bocadinho* zangada.

O Coelho Branco está de pé, junto ao Rei, a ler a Canção, para que todos saibam o quão mau o Valete é. Já o Júri (consegues ver apenas dois dos jurados, lá em cima, na bancada do Júri, o Sapo e o Pato) terá que decidir se ele é "culpado" ou "inocente".

Agora vou contar-te o acidente que Alice provocou.

Ora, estava ela sentada perto da bancada do Júri quando foi convocada como testemunha. Sabes o que é uma "testemunha"? Uma "testemunha" é uma pessoa que viu o prisioneiro fazer aquilo de que o acusam, ou que, de algum modo, sabe *algo* que é *importante* para o julgamento.

Mas *Alice* não vira a Rainha a *fazer* as tartes, nem o Valete a *levá-las*. Na verdade, ela não sabia de nada. Então, por que razão eles queriam que *ela* fosse testemunha? Bom, não te consigo dizer!

De qualquer modo, eles *queriam-na* a ela. E o Coelho Branco tocou o seu grande trompete e gritou "Alice!" E Alice levantou-se de repente. E aí—

O *que achas* que aconteceu? Bom, a saia dela prendeu-se na bancada do Júri e derrubou-a. Os pobrezitos dos jurados caíram para fora da bancada.

Vamos ver se os consegues identificar aos doze. Sabias que são necessários doze jurados para formar um Júri? Consigo ver o Sapo, o Arganaz, o Rato e o Furão, o Ouriço e o Lagarto, o Galo, a Toupeira e o Pato, o Esquilo e um pássaro com um bico comprido que grita, mesmo atrás da Toupeira.

Mas isso são só onze, temos que encontrar mais uma criatura.

Ah, consegues ver uma pequena cabeça branca a aparecer por detrás da Toupeira, mesmo por baixo do bico do Pato? Já temos os doze!

O Sr. Tenniel[9] diz que o pássaro que grita é uma *Cegonhita* (claro que sabes que animal

é), e a cabeça pequena e branca é um *Ratito*. Não é *um querido*?

Cuidadosamente, Alice levantou-os todos, e espero que não se tenham magoado *muito*!

CAPÍTULO XIV

A Chuva de Cartas

Credo, credo! Mas que alvoroço é este? O que estará a acontecer a Alice?

Bom, vou-te contar o melhor que puder. O julgamento acabou da seguinte forma. O Rei queria que o Júri decidisse se o Valete era *culpado* ou *inocente*, ou seja, eles deveriam decidir se *ele* roubara as tartes, ou se outra pessoa as teria levado. Mas a *Rainha* malvada queria que o *castigo* do Valete fosse decidido imediatamente. O que não era nada justo, *pois* não? Porque, supõe tu que ele não *roubou* as tartes, assim não deveria ser castigado.

Gostarias de ser castigada por algo que não fizeste?

E, então, Alice disse: “Isto é tudo um disparate!”

E a Rainha disse (o mesmo que dizia sempre que se zangava): “Cortem-lhe a cabeça!”

E Alice retorquiu: “ Quem é que se preocupa com aquilo que todos *vocês* dizem? Não passam de um baralho de cartas!”

E *todas* as cartas se irritaram, voaram pelos ares e foram cair mesmo sobre Alice, como uma chuvada.

E acho que *nunca* adivinharás o que se sucedeu. O que aconteceu a seguir foi que Alice acordou do seu estranho sonho. E descobriu que as cartas eram apenas algumas folhas que tinham caído da árvore e que o vento empurrara para baixo, contra a sua cara.

Não seria tão bom ter um sonho estranho, como o de Alice?

O melhor plano é o seguinte: primeiro deitas-te debaixo de um árvore e esperas que um Coelho Branco passe a correr, com um relógio na mão, depois fechas os olhos e finges que és a pequena Alice.

Adeus, querida Alice, Adeus!

FIM

Votos de Boa Páscoa para Todas as Crianças que Gostam de *Alice*

Querida Criança,

Se fores capaz, tenta imaginar que estás a ler uma carta sincera, de uma amigo verdadeiro que conheces e cuja voz parece que ouves a desejar-te, tal como desejo agora com todo o meu coração, uma Páscoa feliz.

Conheces aquela deliciosa sensação de sonho quando acordamos numa manhã de Verão, com o chilrear dos pássaros no ar e a brisa fresca a entrar pela janela aberta; quando, deitados, a sentirmo-nos moles, com os olhos entreabertos, vemos, como se fosse um sonho, ramos verdes que ondulam, ou águas que tremelicam trespassadas por uma uma luz dourada? É um prazer muito próximo da tristeza, que nos traz lágrimas aos olhos, como o fazem um bonito quadro ou um poema. E não é a mão gentil da tua Mãe que te abre as cortinas, não é a sua doce voz que te pede para te levantares? Não é a sua voz que te aconselha a levantares-te e esqueceres, perante a brilhante luz do Sol, os terríveis sonhos que te assustaram quando tudo estava escuro, para te levantares e desfrutares de um outro dia feliz, ajoelhando-te, antes de tudo o resto, para agradecer ao Amigo invisível que te envia o maravilhoso Sol?

Serão estranhas estas palavras vindas de um escritor de histórias como a de "Alice"? Será esta uma carta estranha para ser incluída num livro de disparates sem sentido?[10] Talvez o sejam. Talvez alguns me acusem de misturar coisas solenes e alegres, outros poderão sorrir e achar estranho alguém sequer falar de coisas solenes, sem ser na Igreja e ao Domingo, mas eu penso—penso, não, tenho a certeza—que algumas crianças lerão este livro gentilmente e com apreço, com o mesmo espírito com que eu o escrevi.

Não acredito que Deus queira que dividamos a vida em duas partes, mostrando uma cara séria ao Domingo e pensando que seria sequer inapropriado mencionar o Seu nome num dia de semana. Achas que Ele quer ver apenas pessoas ajoelhadas e apenas ouvir sons de orações, e que não gosta também de ver os cordeiros a saltitar ao sol e de ouvir as vozes felizes das crianças enquanto rebolam no feno? Decerto, o riso inocente dessas crianças é tão doce para os seus ouvidos quanto o som do mais solene cântico que já ecoou na "luz obscura e religiosa"[11] de uma solene catedral.

E se escrevi uma obra que se possa vir a juntar às histórias para o divertimento inocente e benéfico que encontramos em livros para as crianças que eu tanto adoro, é algo que espero poder recordar sem embaraço e sem pesar quando chegar a minha vez de atravessar o vale das sombras da morte[12] (e quanto da nossa vida deverá ser recordado nessa altura!).

Nesta Páscoa, querida criança, o Sol irá brilhar em ti, fazendo-te "sentir vida em cada membro do teu corpo"[13] e ansiosa por saíres para o ar fresco da manhã, e muitos dias de Páscoa passarão até que o Sol te encontre fraca e de cabelo grisalho, arrastando-te penosamente para fora de casa para desfrutares, mais uma vez, da luz do Sol. Mas será bom que, mesmo agora, penses, às vezes, nessa grande manhã que verá nascer "o Sol da Justiça" que "trará cura na suas asas".[14]

Certamente a tua alegria não diminuirá se pensares que um dia verás um amanhecer mais luminoso que este e que os teus olhos encontrarão visões mais bonitas que as de quaisquer árvores que ondulam ou de águas trémulas, que um dia serão as mãos de anjos a abrir-te as cortinas, e que será uma voz mais doce do que a de qualquer Mãe que ama a despertar-te para um novo e glorioso dia, e que toda a tristeza e todo o pecado que escureceram a tua vida nesta pequena Terra serão esquecidos como os sonhos de uma noite que já passou![15]

Afectuosamente, o teu Amigo,
Lewis Carroll

Votos de Natal

(De Uma Fada para Uma Criança)

Querida Menina, se as Fadas, sem malícia,
Se deixassem, por instantes,
Nesta alegre época natalícia,
De engenhosas partidas de duendes.

Às crianças ouvimos afirmar—
Essas gentis crianças que amamos—
Que há muito, no dia de Natal a festejar
Chegou do céu a mensagem que muito prezamos.

As crianças recordam repetidamente,
Sempre que regressa a Natividade,
E ecoam, alegremente:
"Paz na terra entre os homens de boa vontade"![16]

Os corações querem-se infantis,
Neles aguardam celestiais convivas,
E, em regozijo, para essas almas pueris
É Natal todos os dias!

Esquecendo, então, traquinices,
Por um momento, Menina querida,
Desejar-te-íamos, se nos permitisses,
Feliz Natal e um Ano Novo repleto de vida!

Lewis Carroll

Notas do Tradutor

1 Carroll dedicou várias obras a crianças suas amigas, e este poema é subtilmente dedicado a Marie Van der Gucht (1874-1919), nome que poderemos formar com a segunda letra de cada um dos versos do texto original (inglês). O autor enviou, inclusive, uma cópia assinada a Marie, filha de Charles Van der Gucht (1830-1883) e Rosalie (*née* Hodding, 1839-1922). Carroll e Marie conhecem-se em Julho de 1885, tinha ela onze anos, e, no ano seguinte, o autor leva-a ao teatro, em Londres, e viajam até Eastbourne e Guildford (Lewis Carroll, *Lewis Carroll's Diaries*, ed. Edward Wakeling, vol. 8, Clifford: The Lewis Carroll Society, 2004, pp. 227, 229, 290-292).

2 Referência à forma como os bebés manuseiam livros, e Carroll sabe que o seu não será excepção.

3 No final do quarto capítulo, o destinatário explícito da obra é revelado, ou seja, as ouvintes-leitoras (dos zero aos cinco anos de idade), pois o narrador fala das suas "bonecas".

4 No original: três polegadas.

5 O xelim (*shilling*) deixou de ser utilizado no Reino Unido no início dos anos 70 do século passado, e valia, então, 5 *pence*. Tal como *ACMP* revela, o seu valor era normalmente escrito recorrendo-se a uma barra: '10/6d' (dez xelins e seis *pence*).

6 Figura da mitologia clássica que tem cabeça e asas de águia e corpo de leão, e que se encontra representado no emblema do Trinity College (Oxford).

7 Mock-Turtle Soup é um sopa que surgiu em meados do século XVIII, como versão barata da Green Turtle Soup, e que é confeccionada com cabeça de vitela, como, aliás, o narrador informa, mioleira, mão de vaca e outros condimentos para imitar o sabor e a textura da carne de tartaruga, pelo que é a sopa que é falsa, não a tartaruga.

8 Quadrilha, dança de salão muito popular na época e que as irmãs Liddell terão aprendido.

9 Sir John Tenniel, o ilustrador da obra, que é assim transportado, como personagem, para o interior do texto ficcional.

10 *Nonsense* no original.

11 Expressão do poema *Il Penseroso* (1645), de John Milton ("dim religious ligt"). No poema de Milton, o imaginário da melancolia poética assemelha-se aos sentimentos referidos por Carroll nesta missiva ("Votos"). O sujeito poético, ao acordar de um sonho (tal como Alice e a criança neste voto de Páscoa), quer ouvir música doce e deseja nunca ter de se afastar do claustro dos estudantes (talvez a Universidade de Cambridge), desejando ficar nesse espaço a admirar os tectos em arco (talvez os da capela do King's College), pensando, tal como o autor dos "Votos", na velhice: "And as I wake, sweet music breathe/Above, about, or underneath,/Sent by some spirit to mortals good,/Or th'unseen genius of the wood./But let my due feet never fail/To walk the studious cloisters' pale,/And love the high embowèd roof,/With antic pillars massy-proof,/And storied windows richly dight,/Casting a dim religious light." (John Milton, "Il Penseroso", vv. 151-169, in John Milton, *The Annotated Miton: Complete English Poems*, Nova Iorque: Bantam Dell, 2008, p. 69). Utilizámos a tradução do poema para português de Manuel Frias Martins (John Milton, *L'Allegro Il Penseroso*, trad. Manuel Frias Martins, Lisboa: Editorial Inquérito, 1987, pp. 77). O mitológico Grifo, personagem do capítulo XII de *ACMP*, também invoca *Paradise Lost* (2, 934), de John Milton, obra que refere esse mesmo símbolo.

12 Referência bíblica (Salmo 23:4).

13 Expressão de William Wordsworth e Samuel Coleridge, "We Are Seven" (1798), *Lyrical Ballads*, ed. R. L. Brett e A. R. Jones, Londres: Routledge, 2005, versos 1-4, p. 67: "A simple child [...]/And feels its life in every limb,/What should it know of death?", tratando-se de um poema conhecido também pelo seu imaginário infantil.

14 Referência bíblica (Malaquias 4:2).

15 O final destes "Votos"—nomeadamente a apresentação à criança ouvinte das ideias da infância breve (que deve ser feliz), do crescimento inevitável, da velhice e da morte—dialoga intertextualmente com o final de *As Aventuras*, quando Alice acorda do sonho na companhia da irmã, remetendo o último parágrafo da obra para o futuro, o tempo em que uma "senhora crescida [...] que teria sempre o coração simples e generoso da sua infância [...]" recorda "a sua própria meninice, e os dias felizes de Verão" (Lewis Carroll, *op. cit.*, trad. Margarida Vale de Gato, p. 144).

16 Referência bíblica (Lucas 2:14), episódio da anunciação aos pastores.

Also available from Evertype

Alice's Adventures in Wonderland, by Lewis Carroll 2008

Through the Looking-Glass and What Alice Found There, by Lewis Carroll 2009

A New Alice in the Old Wonderland, by Anna Matlack Richards, 2009

New Adventures of Alice, by John Rae, 2010

Alice Through the Needle's Eye, by Gilbert Adair, 2012

Wonderland Revisited and the Games Alice Played There, by Keith Sheppard, 2009

Alice's Adventures under Ground, by Lewis Carroll 2009

The Nursery "Alice", by Lewis Carroll 2015

The Hunting of the Snark, by Lewis Carroll 2010

The Haunting of the Snarkasbord, by Alison Tannenbaum, Byron W. Sewell, Charlie Lovett, and August A. Imholtz, Jr, 2012

Snarkmaster, by Byron W. Sewell, 2012

In the Boojum Forest, by Byron W. Sewell, 2014

Murder by Boojum, by Byron W. Sewell, 2014

Alice's Adventures in Wonderland, Retold in words of one Syllable by Mrs J. C. Gorham, 2010

𐐈𐑊𐐮𐑅'𐐯𐑆 𐐈𐐼𐑂𐐯𐑌𐐽𐐲𐑉𐑆 𐐮𐑌 𐐎𐐲𐑌𐐼𐐲𐑉𐑊𐐰𐑌𐐼,
Alice printed in the Deseret Alphabet, 2014

[illegible],
Alice printed in the Ewellic Alphabet, 2013

'Ælɪsɪz Əd'ventʃəz ɪn 'Wʌndəˌlænd,
Alice printed in the International Phonetic Alphabet, 2014

Alis'z Advenčrz in Wundrland,
Alice printed in the Ñspel orthography, 2015

[illegible], *Alice* printed in the Nyctographic Square Alphabet, 2011

·𐑨𐑤𐑦𐑕'𐑩𐑟 𐑩𐑛𐑝𐑧𐑯𐑗𐑼𐑟 𐑦𐑯 ·𐑢𐑳𐑯𐑛𐑼𐑤𐑨𐑯𐑛,
Alice printed in the Shaw Alphabet, 2013

ALISIZ ADVENCƎRZ IN WUNDƎRLAND,
Alice printed in the Unifon Alphabet, 2014

Elucidating Alice: A Textual Commentary on *Alice's Adventures in Wonderland*, by Selwyn Goodacre, 2015

Behind the Looking-Glass: Reflections on the Myth of Lewis Carroll, by Sherry L. Ackerman, 2012

Clara in Blunderland, by Caroline Lewis, 2010

Lost in Blunderland: The further adventures of Clara, by Caroline Lewis, 2010

John Bull's Adventures in the Fiscal Wonderland, by Charles Geake, 2010

The Westminster Alice, by H. H. Munro (Saki), 2010

Alice in Blunderland: An Iridescent Dream, by John Kendrick Bangs, 2010

Rollo in Emblemland, by J. K. Bangs & C. R. Macauley, 2010

Gladys in Grammarland, by Audrey Mayhew Allen, 2010

Alice's Adventures in Pictureland,
by Florence Adèle Evans, 2011

Eileen's Adventures in Wordland, by Zillah K. Macdonald, 2010

Phyllis in Piskie-land, by J. Henry Harris, 2012

Alice in Beeland, by Lillian Elizabeth Roy, 2012

The Admiral's Caravan, by Charles Edward Carryl, 2010

Davy and the Goblin, by Charles Edward Carryl, 2010

*Alix's Adventures in Wonderland:
Lewis Carroll's Nightmare*, by Byron W. Sewell, 2011

Álobk's Adventures in Goatland, by Byron W. Sewell, 2011

Alice's Bad Hair Day in Wonderland,
by Byron W. Sewell, 2012

The Carrollian Tales of Inspector Spectre,
by Byron W. Sewell, 2011

Alice's Adventures in An Appalachian Wonderland,
Alice in Appalachian English, 2012

Alice tu Vãsilia ti Ciudii, *Alice* in Aromanian, 2015

Алесіны прыгоды ў Цудазем'і, *Alice* in Belarusian, 2013

Ahlice's Aveenturs in Wunderlaant,
Alice in Border Scots, 2015

Alice's Mishanters in e Land o Farlies,
Alice in Caithness Scots, 2014

Crystal's Adventures in A Cockney Wonderland,
Alice in Cockney Rhyming Slang, 2015

Aventurs Alys in Pow an Anethow, *Alice* in Cornish, 2015

Alice's Ventures in Wunderland, *Alice* in Cornu-English, 2015

Alices Hændelser i Vidunderlandet, *Alice* in Danish, 2015

La Aventuroj de Alicio en Mirlando,
Alice in Esperanto, by E. L. Kearney, 2009

La Aventuroj de Alico en Mirlando,
Alice in Esperanto, by Donald Broadribb, 2012

Trans la Spegulo kaj kion Alico trovis tie,
Looking-Glass in Esperanto, by Donald Broadribb, 2012

Les Aventures d'Alice au pays des merveilles,
Alice in French, 2010

Alice's Abenteuer im Wunderland, *Alice* in German, 2010

Alice's Adventirs in Wunnerlaun,
Alice in Glaswegian Scots, 2014

Balþos Gadedeis Aþalhaidais in Sildaleikalanda,
Alice in Gothic, 2015

Nā Hana Kupanaha a ʻĀleka ma ka ʻĀina Kamahaʻo,
Alice in Hawaiian, 2012

Ma Loko o ke Aniani Kū a me ka Mea i Loaʻa iā ʻĀleka ma Laila, *Looking-Glass* in Hawaiian, 2012

Aliz kalandjai Csodaországban, *Alice* in Hungarian, 2013

Eachtraí Eilíse i dTír na nIontas,
Alice in Irish, by Nicholas Williams, 2007

Lastall den Scáthán agus a bhFuair Eilís Ann Roimpi,
Looking-Glass in Irish, by Nicholas Williams, 2009

Eachtra Eibhlís i dTír na nIontas,
Alice in Irish, by Pádraig Ó Cadhla, 2015

Le Avventure di Alice nel Paese delle Meraviglie,
Alice in Italian, 2010

L's Aventuthes d'Alice en Êmèrvil'lie, *Alice* in Jèrriais, 2012

L'Travèrs du Mitheux et chein qu'Alice y dêmuchit,
Looking-Glass in Jèrriais, 2012

Las Aventuras de Alisia en el Paiz de las Maraviyas,
Alice in Ladino, 2014

Alisis pīdzeivuojumi Breinumu zemē, *Alice* in Latgalian, 2015

Alicia in Terra Mirabili, *Alice* in Latin, 2011

Aliciae per Speculum Trānsitus (Quaeque Ibi Invēnit),
Looking-Glass in Latin, 2014

Alisa-ney Aventuras in Divalanda,
Alice in Lingua de Planeta (Lidepla), 2014

La aventuras de Alisia en la pais de mervelias, *Alice* in Lingua Franca Nova, 2012

Alice ẹhr Ẹventüürn in't Wunnerland, *Alice* in Low German, 2010

Contoyrtyssyn Ealish ayns Çheer ny Yindyssyn, *Alice* in Manx, 2010

Ko ngā Takahanga i a Ārihi i te Ao Mīharo, *Alice* in Māori, 2015

Dee Erläwnisse von Alice em Wundalaund, *Alice* in Mennonite Low German, 2012

The Aventures of Alys in Wondyr Lond, *Alice* in Middle English, 2013

L'Aventuros de Alis in Marvoland, *Alice* in Neo, 2013

Ailice's Anters in Ferlielann, *Alice* in North-East Scots, 2012

Æðelgȳðe Ellendǣda on Wundorlande, *Alice* in Old English, 2015

Die Lissel ehr Erlebnisse im Wunnerland, *Alice* in Palantine German, 2013

Alice Contada aos Mais Pequenos, The Nursery "Alice" in Portuguese, 2015

Соня въ царствѣ дива: Sonja in a Kingdom of Wonder, *Alice* in Russian, 2013

Ia Aventures as Alice in Daumsenland, *Alice* in Sambahsa, 2013

'O Tāfaoga a 'Ālise i le Nu'u o Mea Ofoofogia, *Alice* in Samoan, 2013

Eachdraidh Ealasaid ann an Tìr nan Iongantas, *Alice* in Scottish Gaelic, 2012

Alice's Adventchers in Wunderland, *Alice* in Scouse, 2015

Alice's Adventirs in Wonderlaand, *Alice* in Shetland Scots, 2012

Alice muNyika yeMashiripiti, *Alice* in Shona, 2015

Ailice's Àventurs in Wunnerland,
Alice in Southeast Central Scots, 2011

Alices Äventyr i Sagolandet, *Alice* in Swedish, 2010

Ailis's Anterins i the Laun o Ferlies,
Alice in Synthetic Scots, 2013

'Alisi 'i he Fonua 'o e Fakaofo', *Alice* in Tongan, 2014

Alice's Carrànts in Wunnerlan, *Alice* in Ulster Scots, 2013

Der Alice ihre Obmteier im Wunderlaund,
Alice in Viennese German, 2012

Ventürs jiela Lälid in Stunalän, *Alice* in Volapük, 2015

Lès-avirètes da Alice ô payis dès mèrvèyes,
Alice in Walloon, 2012

Anturiaethau Alys yng Ngwlad Hud, *Alice* in Welsh, 2010

I Avventur de Alìs ind el Paes di Meravili,
Alice in Western Lombard, 2015

Alison's Jants in Ferlieland, *Alice* in West-Central Scots, 2014

Di Avantures fun Alis in Vunderland, *Alice* in Yiddish, 2015

Insumansumane Zika-Alice, *Alice* in Zimbabwean Ndebele, 2015

U-Alice Ezweni Lezimanga, *Alice* in Zulu, 2014

www.ingramcontent.com/pod-product-compliance
Ingram Content Group UK Ltd.
Pitfield, Milton Keynes, MK11 3LW, UK
UKHW062257290726
14090UKWH00017B/742